Levantando el vuelo

APUNTES SOBRE EDUCACIÓN
MONTESSORI CON ADOLESCENTES

Daniel Zetina

INFINITA

Levantando el vuelo
Apuntes sobre educación Montessori con adolescentes

Primera edición, INFINITA, abril de 2020
Segunda edición, INFINITA, enero de 2021
Versión para AMAZON, marzo de 2021

ISBN 9798729959327

Dedico este libro a los profesionales de las Humanidades
que buscan o encuentran su camino en la docencia,
pero también a los que dan clases sin sentirse plenos,
y a Antonia, que formó parte del proceso
de este aprendizaje, te amo

PORTADA

DZ, *Volando a Hershey*, fotografía digital, 2015

ACLARACIÓN GRAMATICAL

En noviembre de 2010, en el marco de la FIL de Guadalajara, la Asociación de Academias de la Lengua Española decidió algunos cambios en la gramática del español que usamos. Entre ellos, se eliminaron los acentos diacríticos de los pronombres demostrativos (esta, aquellas...) y se eliminó el diacrítico en el adverbio solo. Pese a la polémica que ha habido durante estos años, dichos cambios fueron respetados en este libro.

Pero el niño que elige los objetos y persevera en su uso
con la máxima intensidad de la atención, como se muestra
en las contracciones musculares que dan expresión mimética
a la cara, evidentemente, experimenta placer, y el placer es
una indicación de la actividad funcional saludable;
que siempre acompaña a los ejercicios que son
útiles a los órganos del cuerpo.

—Maria Montessori

Un niño que se ha convertido en dueño de sus actos
a través de ejercicios largos y repetidos, y que ha sido
alentado por las actividades agradables e interesantes
en los que se ha dedicado, es un niño lleno de salud
y alegría y destaca por su tranquilidad y la disciplina

—Maria Montessori
El descubrimiento del niño

Foto 1. Exterior de la residencia de estudiantes en Hershey Montessori School, dentro del complejo de la misma. Instalaciones confortables, modernas, amplias, agradables. La granja tiene varias hectáreas de extensión. Se encuentra en un área rural alejada de centros urbanos grandes. Se trata de una escuela modelo, casi una utopía pedagógica.

PRESENTACIÓN

Fui maestro durante 14 años. Inicié en preparatoria abierta y cursos de preparación para presentar examen de ingreso a los niveles medio superior y superior, en una escuela llamada Conamat en Cuernavaca. Fue, desde la primera vez que puse mi nombre con gis en el pizarrón verde, una gran experiencia. Abandoné la docencia en 2017 por diferentes razones, en particular porque me di cuenta de que mi mejor lugar era escribiendo, creando, dando talleres específicos y conferencias.

Trabajé en educación pública y privada desde secundaria hasta posgrado, aunque casi toda mi labor se desarrolló con adolescentes o hacia ellos. No vi una diferencia especial entre las mentadas clases sociales de mis estudiantes, más bien percibí que hay una serie de necesidades afines entre quienes tienen de 12 a 20 años.

Eso me hizo aprender de forma autodidacta sobre diferentes sistemas educativos, teorías pedagógicas, corrientes, *modas*, tendencias, autores, escuelas, entre otros aspectos de la docencia, pero también sobre infancia, adolescencia y desarrollo humano psicobiosocial. No seguí una instrucción lineal o del tipo histórico, pues leía de acuerdo con mis necesidades o intereses.

Conocí, por ejemplo, el sistema educativo Waldorf, especialmente como papá; algo de Montessori, la escuela activa, *home school*, crianza natural, la "sociedad desescolarizada" de Illich, entre otros enfoques, además de que conocía en persona la llamada *educación tradicional*. En 2003 egresé de la Licenciatura en Letras, en 2012 salí de la Maestría en Producción Editorial y ese mismo año fui aceptado en el Doctorado en Educación, todo en la Universidad Autónoma del Estado de Morelos. Además ya había tomado cursos de edición y derechos de autor. En 2017 incluso me inscribí a la Licenciatura en Derecho, la que dejé igual por dedicarme a escribir. Me encanta aprender.

De lo anterior, el Doctorado no pude hacerlo, debido a la migración obligada a la que me vi sometido por la violencia y por un periodo bastante complicado en mi vida derivado de eso. Me quedaba la espinita de estudiar algo formal sobre educación. Había dado clases en sistemas tan diferentes como De La Salle en el área de Humanidades; en la Escuela de Escritores Ricardo Garibay, donde además fui Coordinador Académico; en el CUAM, excelente escuela de Cuernavaca; en el Tec Milenio de Querétaro, todo un sistema hecho de arriba abajo, con aprendizaje por competencias; entre otros. En 2015 fui invitado a ser Coordinador de una secundaria Montessori, para lo cual tomé el curso: Orientation to Adolescents Studies, de la Association Montessori Internationale y la North American Montessori Teachers' Association (AMI - NAM-

TA), en la Hershey Montessori School (Huntsburg, Ohio, EUA), durante ese verano.

Cuando acabó el curso, tuve tiempo para planear la apertura de dicha secundaria y poner a trabajar los conceptos. Así laboré durante seis meses, hasta que me dijeron por parte de la dirección que no seguiría ahí. Estuve otros seis meses repasando los conceptos y diferentes aspectos del sistema. Lo contenido en este libro de apuntes es parte de lo que aprendí en aquellos días, tanto en el curso, como en la práctica.

El siguiente ciclo escolar fui el Coordinador de otra secundaria Montessori en Querétaro, donde pude poner en práctica lo aprendido, además de mi bagaje previo, con entusiasmo y ganas de seguir aprendiendo. Ahí encontré personas con mucha experiencia y gran vocación. Por motivos personales solo estuve un año ahí y poco después me retiré definitivamente de la docencia escolarizada.

Como apuntes que son, se trata de temas quizás incompletos, tal vez hasta inexactos en algún momento, pero mi intención también es transmitir ese proceso de aprendizaje, que como adulto viví, muy lejos de casa y en un país cuyo idioma no dominaba.

Huelga decir que no soy un especialista en Montessori, ni un pedagogo, ni un *docente de carrera*. Lo que presento es parte de mi experiencia y estudio, aunque debo aclarar que no ignoro los conceptos aquí incluidos y que varios de los planteamientos son del todo míos, así que asumo mi responsabilidad al compartirlos. Espero que los interesados en el tema de la educación de adolescentes en el método Montessori encuentren en esta obra algunas cosas que les sean de utilidad, pero también que se despierten sus dudas, tan saludables en el proceso de aprendizaje.

Por lo anterior, este libro puede ser de utilidad para padres de familia, guías, maestros de materias en Montessori, maestros de otras escuelas que deseen conocer un poco más del tema, coordinadores, directivos, asesores pedagógicos y psicólogos. Para ampliar su información, nada mejor que ir a las fuentes —ampliamente referidas en adelante—, como la obra de Montessori, sus teóricos y los maestros de la NAMTA y la AMI, además de autores tan básicos como Fromm, Gessel, Steiner, Vygotsky o Piaget.

De lo que no hablo es de mi experiencia en las escuelas, de casos, alumnos, madres de familia, directivos ni profesores, por la discreción que les debo y el respeto que siento por todos ellos. Es cierto que hubo muchas otras cosas que aprendí siendo docente, por lo mismo, ya preparo mis memorias como maestro y quizás otro tomo sobre consejos, recomendaciones y herramientas que puedan servir en la educación contemporánea. Solo el tiempo dirá si podré cumplir con dichas metas.

DZ
Abril de 2020

Los psicólogos interesados en la educación de los adolescentes
piensan que es un período de tanta transformación psíquica
que puede compararse con el primer período desde el
nacimiento hasta las seis. El personaje es raramente
estable a esta edad; hay signos de indisciplina
y la rebelión. La salud física es menos
estable y segura que antes.

—MARIA MONTESSORI
La mente absorbente del niño

Los niños encuentran la alegría, la satisfacción y la alegría
en el trabajo. Más trabajo parece producir más sosiego.
Después de la cantidad de energía se ha gastado
en hacer el trabajo, el gasto parece producir
una cantidad aún mayor de energía.

—MARIA MONTESSORI
Lo que usted debe saber acerca de su hijo

FOTO 2. Aula principal donde tomamos las lecciones y participamos en distintas actividades y ejercicios. La metodología de la formación de guías aquí se desarrolló en condiciones óptimas, con todos los recursos necesarios. El ambiente fue muy bueno, de colaboración y aprendizaje entre todos los participantes.

APUNTES

AMI - NAMTA Orientation to Adolescents Studies
Hershey Montessori School
Huntsburg, Ohio, Estados Unidos de América
Junio-julio de 2014

Foto 3. La escuela cuenta con distintos ambientes, como un bosque, huerto, corral y este lago artificial, especialmente aprovechado para desarrollar distintos proyectos de ciencias sobre el agua, la fauna y otros elementos. Es un laboratorio o taller vivo donde se puede aprender de forma práctica y en conexión con la naturaleza.

UNA VISIÓN HOLÍSTICA
DEL DESARROLLO[1]

7 de julio de 2014

La filosofía Montessori nos explica que los niños pasan a través de cuatro planos distintos de desarrollo y que el mismo ser humano desarrolla diferentes características psicológicas en cada uno de estos. Dichas características se utilizan para la construcción de la persona durante cada plano en particular. Al final de cada uno, un conjunto diferente de características psicológicas toman el relevo y se hace un distinto tipo de construcción. Una cosa importante que marca la Dra. Montessori es que la transición de un plano a otro es gradual, no abrupto.

El ser humano ha desarrollado la capacidad de ajustar tanto su entorno físico como su desarrollo espiritual, con el fin de satisfacer sus necesidades de supervivencia y el enriquecimiento de sus vidas. Ajustes humanos incluyen la construcción de refugios, la producción de alimentos, la ropa, la defensa y el transporte. Las necesidades humanas

---

[1] Escrito en equipo con Griselda A. Patiño G.

17

de supervivencia son las mismas que fueron para los primeros seres humanos. A través de la observación de las personas en su propio tiempo, Maria Montessori dedujo que los seres humanos tienen ciertas *tendencias humanas*. Las define como guías internas que ayudan a la realización de actividades. Orden, orientación, exploración, comunicación, trabajo, repetición, exactitud y precisión, abstracción y autoperfección son las tendencias que permiten a la raza humana sobrevivir y desarrollarse como una persona de su propio tiempo y lugar.

Las tendencias humanas también funcionan en cada plano de desarrollo, por lo que la construcción de la persona es posible. Montessori creía firmemente que la educación debe tomar en cuenta las características psicológicas y las tendencias humanas de cada plano en específico. Esto significa que el trabajo que hacemos con el individuo debe ser apropiado para la edad, a esto le llamó los *planos de la educación*. "En lugar de abordar planes de estudio y horarios deberíamos estar creando un ambiente para cada plano que permita funcionar las características y las tendencias" (Montessori, 1986, p. 56).

Una de las aportaciones más significativas, de las muchas que nos dejó Montessori en su propuesta pedagógica, fue acentuar que la educación, ante todo, debe ser una ayuda a la vida. La esencia de su filosofía es que los niños sean capaces de autodesarrollarse y que lleguen a alcanzar su verdadero potencial cuando se les proporciona un entorno específicamente adaptado a sus necesidades en cada etapa de su desarrollo.

La naturaleza contribuye en el ambiente que el ser humano necesita para su pleno desarrollo. Antes del nacimiento, el ambiente en el cual se crea y se forma física y psíquicamente la criatura humana es el vientre materno. Después, quienes deben preparar el ambiente en el cual el bebé pueda desarrollarse son los padres, pero es una labor que involucra a todos los adultos que se encuentren a su alrededor. Después del nacimiento, el ambiente interior debe proporcionar la atmósfera, la temperatura, la luz y ventilación adecuadas, así como el contacto con el mobiliario de la casa, los objetos, las paredes y las personas que lo habitan, pues todo influye en la formación, ya que el ser humano absorbe psíquicamente su alrededor con la ayuda de la mente absorbente y los periodos sensitivos.

La *mente absorbente* es un término que utilizó Montessori para explicar la característica que tiene la mente del niño de 0 a 6 años de edad. Se refiere a la capacidad de los niños de absorber su ambiente de una manera indiscriminada todo lo que percibe a través de sus sentidos. La mente absorbente ayuda al ser humano a adquirir ciertas cualidades para su vida futura: el lenguaje, el movimiento, costumbres, actitudes y el comportamiento del grupo en el que vive. La mente absorbente trabaja en dos niveles: de 0 a 3 años absorbe de manera inconsciente y de los 3 a 6 años alcanza la consciencia.

Los niños pequeños atraviesan periodos transitorios de sensibilidad. Cuando participan en una actividad que coincide con una sensibilidad particular, los niños presentan concentración espontánea, repiten la actividad una y otra vez, sin recompensa o estímulo. Estas sensibilidades especiales, que se presentan como impulsos irresistibles, son los periodos sensitivos, los cuales son: orden, lenguaje, refinamiento de la percepción sensorial y movimiento. En el lenguaje, por ejemplo, la sensibilidad existe desde el nacimiento hasta los 6 años de edad. Paulatinamente va adquiriendo su lengua materna, incluyendo la gramática y sintaxis. A los dos años existe una explosión del lenguaje y el niño habla sin cesar, a los 6 años queda formada la lengua materna.

El niño pequeño se interesa por probar, tocar y oler todas las cosas a su alrededor; clasifica, ordena y refina sus sentidos a través del trabajo. De esta manera va conociendo su ambiente, es un explorador sensorial. Cuando se le brinda esta oportunidad, logra hacer distinciones, ordena, clarifica y clasifica para comprender mejor el mundo que le rodea. El primer año de vida refina sus sentidos con las imágenes del ambiente. Entre el primero y segundo años, clasifica los objetos pequeños e impresiones detalladas. De los 2 a los 4 años y medio busca el refinamiento de cada sentido, encontrando las diferencias y similitudes. Después tiene una memoria absoluta para el color, gusto, olor, tono, textura, etcétera. Explora todo a través de sus sentidos, sus emociones y sentimientos.

Cuando los niños son capaces de experimentar repetidos periodos de concentración espontánea en un trabajo que han elegido libremente, empiezan a mostrar características de un desarrollo normal: amor al trabajo, apego a la realidad, amor por el silencio y trabajo individual, entonces se convierten en niños normalizados.

El adulto juega un papel importante en la formación de la personalidad, es el eslabón entre el niño y su ambiente, es quien lo pone en contacto con el mundo real, quien pone las reglas, quien marca lo correcto e incorrecto, es quien prepara, quien permite y quien limita. El adulto es un medio para transmitir el lenguaje, es quien llena el ambiente de arte, de poesía, de música, de geografía, de historia y de ciencias. El adulto respeta el desarrollo de cada niño, comprende que no existe ningún niño igual a otro. Respeta los diferentes ritmos y los diferentes talentos.

Durante el primer plano de desarrollo el niño debe ser capaz de construirse, conocerse y evaluarse a sí mismo. Estas son habilidades importantes para el grupo en el segundo plano de desarrollo.

La mente y el trabajo de los niños cambian en el segundo plano de desarrollo, es un hecho que la labor del adulto deberá cambiar también. Sin embargo, todo lo que el niño será capaz de hacer o no hacer por el resto de su vida, recae sobre el fundamento puesto en el primer plano del desarrollo. Entre los 6 y 7 años de edad el impulso inicial del segundo plano de desarrollo surge y el niño tiene que sufrir una transformación. Estos pequeños comienzan a crecer y al llegar al segundo plano presentan diferencias físicas y psicológicas, por ello, el *ambiente preparado*, el rol del adulto y el trabajo que harán tienen que cambiar. Los adultos alrededor necesitan observarlos y descubrir qué necesitan para que puedan continuar su autoconstrucción. El niño que entra al segundo plano de desarrollo muestra cambios físicos muy claros, el análisis del movimiento pasa a un segundo lugar. Se vuelven más rudos, es la edad para los deportes, les gustan y los necesitan. Con frecuencia llegan a ser desaseados, desordenados y aún desarreglados. Ya no están interesados en el orden físico, ahora les interesa el orden mental.

En lugar de la mente absorbente ahora trabajan con una mente que puede razonar, puede pensar lógicamente, hacer juicios y tendrán este tipo de mente por el resto de su vida; por lo tanto, su trabajo tiene que ser llevado a través de la razón. El niño del segundo plano pregunta, compara y deduce, su mente razonadora está en constante evolución. Esta es la etapa en la que están más receptivos para el aprendizaje intelectual de su vida, están listos para la abstracción. Necesitan tiempo para manipular materiales y para experimentar hasta que por sí mismos lleguen al punto de la abstracción.

Alrededor de los 7 años los niños han alcanzado un cierto grado de independencia y un aspecto de esta es que hay una exploración diferente a la exploración sensorial. Los niños ahora están interesados en lo que ellos no pueden ver con sus ojos y lo que no pueden experimentar con sus sentidos. Tienen que hacer uso de algo más, su imaginación. El desarrollo de la imaginación está muy vivo y activo. Es con la ayuda de esta que investigarán el mundo, el universo y la sociedad humana en todas sus manifestaciones. "El secreto de la buena educación consiste en hacer de cuenta que la inteligencia del niño es un suelo fértil donde se sembrarán las semillas que crecerán al calor del fuego de la imaginación. Por lo tanto, nuestro objetivo no es meramente hacer que el niño comprenda y mucho menos forzarlo para que memorice hechos: nosotros apuntamos a conmover su imaginación y entusiasmarlo hasta lo más profundo de su ser" (Montessori, 1998, p. 22).

Es también la edad cuando la conciencia moral se desarrolla: la idea de lo correcto y lo incorrecto y el reconocimiento de las reglas y los valores. El adulto debe ser congruente entre lo que dice y lo que hace, ya que los niños muestran gran interés en comprender su comportamiento, lo juzgan y lo critican porque necesitan orientarse para desarrollar su conciencia moral.

Si su desarrollo en el primer plano ha sido estable y seguro, ahora pueden aventurarse a participar dentro de una sociedad más extensa, una vida social que va más allá de su familia, deben crear su propia práctica social.

El ambiente preparado debe permitir y proveer experiencias sociales, porque de esta necesidad en el segundo plano es que surge la enseñanza en pequeños grupos, con ello se consigue la cooperación de los niños.

Para los niños de 7 a 12 años, Montessori desarrolló un plan llamado *educación cósmica*. El plan de estudios de la educación cósmica abarca todos los elementos clave sobre el conocimiento. Las áreas que cubre este campo son lecciones de biología, geografía, lengua, aritmética, geometría, algebra, historia, música, arte, educación física y salud.

La educación cósmica permite satisfacer sus necesidades y cumplir con sus tendencias humanas. Este plan estará vigente durante el tiempo que exista nuestra civilización. "Necesitamos implementar un método especial, que permita transmitirle al niño de 6 años todos los factores de la cultura, pero no a través de detalles ínfimos o de la imposición de un programa, sino sembrando tantas semillas de interés como sea posible." (Montessori, 1986, p. 10).

El niño del segundo plano quiere explorar la sociedad en su conjunto, pero quiere participar en pequeños grupos de amigos. El adolescente en el tercer plano busca unirse a la sociedad adulta. Los adolescentes deben tener un alto nivel de independencia, autodirección, trabajo colaborativo y amor por el aprendizaje. Todas estas bases las construyen en los dos primeros planos de desarrollo.

De ahí la importancia de que los niños tengan todo lo necesario para completar con éxito la construcción de la niñez. Cualquier cosa que se pierda en un periodo de construcción no se podrá realizar más delante de manera perfecta. "La educación de los adolescentes asume una importancia fundamental porque la adolescencia es la edad en la que el jovencito se convierte en hombre, o sea, en miembro de la sociedad" (Montessori, 1939, p. 60).

Es un hecho, el ser humano para poder existir necesita de un ambiente preparado, que permita que las necesidades y las tendencias humanas se manifiesten, o de lo contrario, esta tarea de autoconstrucción no podrá llevarse a cabo. La responsabilidad de preparar el ambiente adecuado para cada etapa de desarrollo es del adulto. El adulto necesita comprender las características de los niños en las diferentes edades. Por lo tanto, el ser humano para su formación y desarrollo requiere de un adulto preparado, que sepa reconocer en cada niño a un ser lleno de potencialidades, las cuales debe desarrollar a expensas del ambiente.

Referencias

Montessori, Maria. *La Mente Absorbente del Niño.* México: Editorial Diana, 1986. Impreso.

Montessori, Maria. *La Educación de la Potencialidades Humanas.* Buenos Aires, República Argentina: Errepar SA, 1998. Impreso.

Montessori, Maria. *De la Infancia a la Adolescencia.* Traducción de conferencias Londres, 1939. Traducción al español realizada por Maria Guadalupe llerandi. Impreso.

Foto 4. Edificio principal de la Hershey Montessori School. Fue cons-truido por la comunidad amish de la región, con madera talada del mismo terreno. Cuenta con comodidades como aire acondicionado, iluminación, puertas con cierres controlados, entre otros. Ahí están la dirección, salones, oficinas, terraza y laboratorios.

UNA ESCUELA DE LA EXPERIENCIA EN LOS ELEMENTOS DE LA VIDA SOCIAL

14 de julio de 2014

*Las buenas condiciones de vida llevan a una forma
bella, y el método Montessori se propone alcanzar
semejante armonía* —Montessori

Metamorfosis y renacimiento

Cuando los niños se convierten en adolescentes, pasan de lo sensorial a lo abstracto. Mientras que en el segundo plano el niño es sensorial y motor, en el tercer plano de desarrollo avanza hacia un ser más moral e intelectual (AMI, 2005, p. 1). Deja de ser un embrión espiritual y se convierte en un recién nacido social. ¿Cómo son estos nuevos entes? Son *como* adultos, pero aún *son* niños. Desean hacer cosas de adultos y pueden parecer buenos para muchas cosas, pero aún no llegan a la edad ni a la madurez requeridas para ello. Esta etapa es una dura transición psicológica, una época de dudas y vacilaciones, llena de emociones violentas. "La pubertad [...] desde el punto de vista psicológico constituye un periodo de transición entre la mentalidad del jovencito

27

que vive en familia y del hombre que debe vivir en la sociedad" (Montessori, s/d, p. 60).

En su nueva etapa, el individuo dice de muchas formas que se le permita crecer con autonomía y libertad: "Les permitimos vestirse y cepillarse el pelo y limpiar la mesa y nos damos cuenta de que el niño nos dice: 'Déjame hacerlo por mí mismo'" (Montessori, 1981, p. 7). Quiere crecer con libertad, pero también con límites claros. La libertad es esa hermosa oportunidad de aprender a vivir ampliamente dentro de límites claros y con acciones asertivas y compromiso social. El adolescente cambia la visión de su infancia, en la que le bastaba la imaginación y el descubrimiento de su entorno, por una necesidad de comprender el mundo en su totalidad, hasta sus últimas consecuencias. Por ello, son importantes las grandes historias y la vida práctica, tanto por la parte del trabajo como por la convivencia social.

En este momento, el individuo busca ubicar su lugar en el mundo. Tiene una gran necesidad de autoexpresión. Para relacionarse con su entorno necesita comunicarse por cualquier forma, a través del lenguaje oral o escrito, a través del arte, de la poesía. La *valorización* es importante también y la valorización se consigue únicamente a través del grupo social. Para el adolescente es indispensable fortalecer su autoestima. Esto lo llevará a tener confianza en sí mismo y a fortalecer sus cada vez más extensos y sólidos lazos sociales. Porque en esta etapa los jóvenes son gregarios por naturaleza y la adhesión a un grupo les permite desarrollar, entre otras habilidades, la práctica de la lealtad y la confidencia.

El dónde y el cómo

En la secundaria es importante ofrecer al adolescente la posibilidad de desarrollarse lo mejor posible, tanto física, social y moralmente. Esto solo es posible si en esta etapa particular de su crecimiento cuenta con las condiciones adecuadas, en un ambiente preparado especialmente para su edad, diferente a los de casa niños o de taller I y II.[2]

Montessori propone que los adolescentes entre 12 y 18 años (secundaria y preparatoria) vivan en una granja, que funcione como un internado y como una microeconomía funcionales. Para ello, se requiere de un espacio físico adecuado y unas instalaciones óptimas, así como mobiliario y materiales propios y personal capacitado. En el cuadro I podemos ver algunos de los elementos que deben estar presentes en la granja habitada por la Comunidad de Adolescentes. En él se exponen se forma somera algunos de los principales elementos (*Qué hay en la graja*), así como su uso (*Para qué sirve*) y objetivos (*Qué fortalece*).

[2] La pedagogía Montessori en casa de niños (prescolar) y talleres I y II (primaria) ha sido mucho más estudiada en México. Por razones que desconozco, muchas escuelas no abren Comunidad de Adolescentes. Considero que mientras haya más escuelas secundarias-preparatorias Montessori, será mejor su desarrollo y su impacto en la educación del país.

CUADRO I. TRABAJO EN LA GRANJA		
Qué hay	*Para qué sirve*	*Qué fortalece*
Quehaceres domésticos	Trabajar en equipo	Voluntad
Reglas y límites	Normar la convivencia	Disciplina, hábitos, cortesía
Internado	Vivir en sociedad	Sentido de pertenencia
Habitaciones	Descansar	Salud
Animales	Comprender la fauna, estudiar la bilogía animal	Contacto con la naturaleza, perspectiva del reino animal
Lecciones	Iniciar temas	Estudio, interés académico, desarrollo intelectual
Ocupaciones	Aprender haciendo	Concentración, desarrollo de habilidades
Huerto	Sembrar y cosechar	Vínculo con la madre tierra, valoración de los alimentos
Materiales	Aprender, adquirir conocimientos, practicar	Intelecto, concreción-abstracción
Adultos (guías)	Proteger, guiar	Seguridad, jerarquía social
Biblioteca	Leer, investigar	Lectura, imaginación, fantasía, abstracción
Espacio para reflexión	Meditar	Interiorización

Como vemos, son elementos presentes en algunas escuelas, granjas productivas, casas y en la sociedad misma, pero cuya combinación permiten al adolescente vivir con un abanico de referencias sociales estables y constantes para su práctica social. Así fortalecerá sus músculos gregarios, económicos y espirituales. Además de que dicho ambiente debe ser estéticamente armónico, con una arquitectura sencilla pero bella y funcional; debe ser un lugar en el que reinen el orden, la disciplina, la gracia, la cortesía y el trabajo en equipo. Como dice Montessori, "El propósito del orden y la disciplina debe ser lograr la armonía humana, y todo acto que obstruya el establecimiento de una auténtica comunidad de todos los hombres de debe considerar inmoral y una amenaza a la vida social" (Montessori 1998b, p. 12).

En este ambiente, el adolescente no es un huésped, sino un anfitrión de sí mismo y de su propia comunidad. "Los hombres deben aprender cómo participar conscientemente en la disciplina social que ordena todas sus funciones dentro de la sociedad y cómo ayudar a mantener esas funciones en equilibrio" (Montessori 1998b, p. 13). Es un ambiente que respeta los ciclos naturales de desarrollo del adolescente y que a la vez le permite a este respetar su realidad inmediata.

El trabajo

El trabajo es la base de la vida social, por lo tanto, es la base de las relaciones humanas y el cimiento de la conciencia moral. Es como un círculo virtuoso: el trabajo genera lazos sociales, la sociabilidad genera conciencia social y una so-

ciedad sana genera trabajo (figura 1). La división del trabajo sería como un círculo menor, pero idéntico, que además
de permitir la especialización fomenta el nacimiento de
gremios, es decir, de ambientes de convivencia social más
pequeños y cercanos.

Figura 1. Trabajo y sociedad. Elaboración propia

Si bien la moralidad comienza en la casa, continúa en
la escuela y puede comprenderse a través de las leyes, no
es sino la práctica de la misma en un contexto social más
amplio lo que permite fijarla en el ser humano. Si en casa
me dicen que robar es malo, en la escuela me corren si robo
y las leyes castigan a los rateros, cuando viva la sociedad y
vea que los policías atrapan a un ladrón y un juez lo mete

a la cárcel, todo quedará más claro y se fijará. Habrá una congruencia entre el discurso doméstico, el académico, el teórico y el práctico. Lo mismo puede suceder con el aspecto más empático de la ley. Por ejemplo, un niño escucha en casa que siempre hay que decir la verdad, en la escuela le enseñan el concepto más amplio de esto: la honestidad; luego lee algún libro sobre el tema; finalmente llega el día en que debe practicar la honestidad, digamos, frente a un acto cotidiano, como cuando una persona le pide que mienta a su favor y el individuo se niega (dice la verdad, evita la mentira) y actúa en consecuencia con su formación ética y pone en práctica sus valores.

La moral relacionada con el trabajo tiene que ver con lo que Montessori decía que "El trabajo es siempre noble" (Montessori, s/d, p. 66), una variable del dicho popular "el trabajo dignifica al hombre". El trabajo ennoblece al ser humano porque lo hace productivo, le permite el desenvolvimiento social y lo hace ser un actor social activo. Es a la vez parte y espejo de la sociedad que lo contiene. Se convierte en un ejemplo y una guía de su grupo. Quizás sea arriesgado decir que el que trabaja con plena conciencia de la moralidad y la responsabilidad social que su actividad implica, será siempre un buen ciudadano y ayudará a construir una sociedad mejor, porque sabe que todos en la sociedad tienen los mismos derechos y obligaciones. Tal vez sea arriesgado, pero cierto.

Mente y cuerpo

Vuelvo al principio de Juvenal *"Mens sana in corpore sano"*. Cuando llegue a la edad adulta, el individuo trabajará con cuerpo y alma, metafórica y realmente, en lo que haga, en el oficio que elija. Es fácil comprender esto, por ejemplo, un zapatero debe adquirir las habilidades manuales de su oficio, pero también debe ser capaz de llevar su propia contabilidad, por precaria que sea. Otro ejemplo: un policía debe conocer las leyes, pero también cómo inmovilizar a un delincuente. Ya lo dice Montessori: "Hombres que tienen brazos pero no tienen cabeza y hombres que tienen cabeza pero no tienen brazos están igualmente fuera de cualquier lugar en la comunidad moderna" (Montessori, s/d, p. 62).

Por eso, en la granja, el adolescente realizará siempre actividades que combinen sus habilidades físicas e intelectuales. Esto se ilustra muy bien con el empleo de la adecuación de la lección de tres periodos a esta etapa. En el primer periodo, el alumno recibe la lección de forma dinámica, verbigracia, el guía contará una de las grandes historias en una caminata en el bosque y así enganchará a los alumnos. En el segundo periodo, los alumnos realizan una investigación tanto individual como colectiva, por medio de diferentes técnicas (bibliografía, entrevistas, experimentos, pruebas…), a la par que desarrollan una adquisición práctica del conocimiento. En el tercer periodo los alumnos expondrán sus resultados al resto de la comunidad. Esto a lo largo de cuatro semanas, diferidas en dos meses.

Un ejemplo práctico puede ser el cultivo de calabazas. Primer periodo: origen y evolución de las especies vegetales, particularidades de la calabaza. Segundo periodo: investigación y creación de huerto de calabazas. Tercer periodo: visita al huerto, cocción e ingesta o venta del producto.

Producción e intercambio (microeconomía)

La sociedad hace muchos tipos de intercambios. Uno de ellos es el comercio de productos. Montessori establece que los adolescentes deben acoplarse a los futuros roles que desempeñarán en la sociedad. Tomó como punto toral el trabajo, y ligado a este el dinero, y con él las finanzas. Derivados del trabajo, la producción y el intercambio son la base de la vida social. La esencia de la producir algo es que pueda ser de utilidad para toda la sociedad y un producto de cambio para alguna persona.

Algunas actividades específicas dentro de la granja en este sentido son: venta de productos en mercados locales, ventas especiales (navidad, días festivos...), planeación de producción de diferentes productos, administración del capital. En este punto Montessori dice que la educación financiera ha caído en los prejuicios y que no se le prepara al adolescente para el manejo del dinero (Montessori 1936, p. 4-8). Ella propone que el adolescente aprenda a manejar el dinero, igual que el resto de su entorno y solucione situaciones económicas dentro de la granja. La plusvalía de su trabajo no será tomada como sueldo o ganancia, deberá reintegrarse a microeconomía, porque no se trata de que el alumno gane dinero en este periodo, sino que tengas las bases para hacerlo en la madurez. Este es otro de los fundamentos de los mecanismos sociales a los que se enfrentará en breve.

La sublimación de la educación

Digo *sublimación* porque creo que poner en práctica esta metodología es una manera de llevar la educación de las personas de 12 a 18 años a un estadio elevado. Elijo *elevado* porque da al ser humano más y mejores herramientas para sobresalir en la sociedad, tomando en cuenta al ser humano como medida de sí mismo y a la sociedad como el resultado (o promedio) del conjunto de sus individuos. Mientras más se eleve la calidad de la educación (mientras más se centre en los alumnos y no en las instituciones, las escuelas ni los maestros) mayor será el grado de satisfacción social y por lo tanto se logrará un avance en la paz y la justicia social. Menciono estos dos conceptos porque creo que son dos de los ideales más caros de la humanidad desde hace milenios.

Pregustas retóricas

¿Cómo queremos que las nuevas generaciones lleguen a la edad adulta? ¿Cómo deseamos que hagan con esta sociedad que les heredamos, pero que compartiremos con ellos aún varias décadas? ¿Qué herramientas pretendemos poner en sus manos para que realicen su propia construcción social, como grupo e individualmente? ¿Cómo y cuándo cumpliremos el sueño que hemos tenido tantos docentes de cambiar el mundo a través de una educación humanista y respetuosa?

El método Montessori no ofrece propuestas de soluciones a estas dudas espontáneas. Pero es a partir de sus principios y métodos específicos como creo que podemos lograr una verdadera transformación, para que de esta forma las nuevas generaciones mejoren a su tiempo este gran hábitat llamado Tierra. Debemos darles la posibilidad de crecer con fe en la humanidad y de que miren el futuro con optimismo.

Conclusiones

Es importante establecer un método claro, aplicable y sistemático para ofrecer al adolescente la estabilidad física, académica, social, moral, laboral, estética y espiritual para que con el paso de los años podamos recibirlos en la sociedad como entes autónomos y productivos, equilibrados y sagaces, que participen de la sociedad con toda su voluntad y entereza. De este modo podremos recibir de ellos los frutos de las semillas que hemos sembrado en sus mentes y en sus corazones. No hay duda de que esta visión, pero, sobre todo, este tipo de acciones concretas que propone el método Montessori ayudarán a crear un mundo con mayor paz y armonía, y podrán evitarse, a la larga, conflictos bélicos como el que a estas mismas horas se desarrolla entre los estados de Israel y Palestina y muchos otros a lo largo del mundo.

Referencias

"Dr. Montessori's Third Lecture". *The Erdkinder Reserch And Devepment Report.* 1981.

Montessori, Maria. *De la infancia a la adolescencia.* México: s/d.

Montessori, Maria. *Dr. Montessori's Thrid Lecture.* Inglaterra: AMI, 1936.

Montessori, Maria. *La mente absorbente del niño.* México: Diana, 1986.

Montessori, Maria. *La educación de las potencialidades humanas.* Argentina: Errepar, 1998a.

Montessori, Maria. *Educación y paz.* Argentina: Errepar, 1998b.

Real Academia Española. *Diccionario de la lengua española. España.* España: Real Academia Española, 2001. Disponible en: http://www.rae.es/recursos/diccionarios/drae.

Standing, E.M. *La revolución Montessori en la educación.* México: Siglo XXI, 2009.

Asociación Montessori Internacional. *The Second Plane of Education.* EUA: AMI, 2005.

EL PLAN DE ESTUDIO Y TRABAJO EN DIFERENTES CONTEXTOS

21 de julio de 2014

La escuela seria el lugar donde el hombre se desarrolla adquiriendo cultura. Pero la cultura es un medio, no un fin —Montessori

La mejor manera de comprobar los esfuerzos teóricos y metodológicos de Maria Montessori es en la práctica, mediante la puesta en marcha de una Comunidad de Adolescentes. A continuación, se exponen la generalidad de las acciones para un proyecto educativo de este tipo. Expongo de forma general, los recursos físicos, económicos y humanos con los que se deberá contar para ello, en un caso hipotético:

La comunidad

La Comunidad de Adolescentes Hipotética estará integrada por 10 adolescentes, de 12 a 13 años, que ingresarán al nuevo grado. Será una extensión de una escuela que cuenta con taller I y taller II. Los estudiantes provienen de distintas familias, que le dan a la comunidad una diversidad social. Provendrán tanto de escuelas Montessori como de otros sistemas. Las familias conocen la forma de trabajar, los materiales y los objetivos de su educación.

Los directivos son el soporte de la Comunidad de Adolescentes Hipotética. Dirección, administración, coordinación pedagógica, apoyo psicológico y otros.

Habrá un coordinador, responsable del desarrollo cotidiano de las actividades, el horario y los maestros, la relación con los papás y las mamás; será maestro de alguna materia (o lecciones claves), como lengua o historia.

Otro rol importante será el del coordinador operativo, encargado de aspectos técnicos de la escuela, como compras, arreglos, mantenimiento, gestión de herramientas y recursos, así como otros detalles a resolver en el día a día.

Además, contaremos con la presencia de maestros por horas de las materias de matemáticas, física, historia, permacultura, activación física e inglés.

Como indica Montessori, "La preparación exigida al maestro por nuestro método es el examen de sí mismo: la renuncia a la tiranía. Debe expulsar de su corazón la cólera y el orgullo; ha de ser humilde y revestirse de caridad" (Montessori, 1997), porque "Estimular la vida, dejándola libre de desenvolverse: he aquí la misión del educador" (Montessori, 1937). Por ello, todo el personal deberá ser sensible al método con el que trabajaremos y deberá respetar los lineamientos del Plan de Estudios y los modos de trabajar.

Nuestro lugar de trabajo contará con un Centro Académico, un huerto, un corral para gallinas de libre pastoreo, un museo de la maquinaria y la transformación, biblioteca, canchas, sala de reflexión y demás espacios para sustentar la pedagogía en el tercer plano de desarrollo, además de espacios libres para esparcimiento.

"El ser humano ha demostrado que desde los primeros años de su vida busca el orden como una necesidad esencial" (Montessori, 1998b), por ello, los estudiantes serán los encargados de mantener el orden y la armonía del lugar mediante actividades prácticas con trabajo real en cada ambiente. Esto abona en beneficio del desarrollo saludable de la personalidad de nuestros estudiantes, porque como nos dice Montessori "Los límites sirven para ayudar al niño a ordenar su mente y facilitarle la comprensión de las infinitas cosas que le rodean" (Montessori, 1937).

Para que los estudiantes puedan experimentar la vida social en un entorno de mayor independencia —y debido a que no contaremos con residencia para que los estudiantes pernocten— tendremos un horario de lunes a viernes de 8:30 a 16:30 horas, ocho horas de convivencia social, trabajo real, aprendizaje y preparación en general para la vida adulta. En Plan de Estudios generado con base en la teoría de Montessori para el tercer plano de desarrollo será distribuido en el horario y planeado por día, semana, bimestre y año escolar.

Microeconomía

"El tercer nivel se caracteriza por la preparación del alma humana para el trabajo, función vital y pilar de la experiencia social" (Montessori, 1998b), por eso prepararemos a nuestros estudiantes, a través del trabajo real, en actividades de trabajo, enfocado entorno a la microeconomía de la misma Comunidad de Adolescente Hipotética. El adolescente trabajará en las diferentes etapas de la economía: cuidado de animales, siembra, riego, promoción, venta y administración.

En la Comunidad de Adolescente Hipotética se conseguirán diferentes productos y servicios que les permitirán ejercitarse en el trabajo y la generación de ganancias reales. En primer lugar, se producirá huevo orgánico, de las 50 gallinas ponedoras que se planea tener; después se establecerán ocupaciones de agricultura (por ejemplo, producción de lechugas o calabazas). Asimismo, se instaurará el servicio de *Tarde familiar* para dar a conocer el proyecto y los productos y atender como restaurante a los invitados, principalmente familiares y amigos de la comunidad.

Otras actividades económicas derivarán de proyectos de ocupación. Podría proponerse la producción de artesanías, miel, velas, conservas, entre otros, de acuerdo con los intereses de los estudiantes. Ellos decidirán, producirán, venderán y administrarán la microeconomía, para lo cual se les darán las herramientas necesarias.

En esta etapa es importante que se hagan responsables de la administración y la contabilidad, porque así adquirirán las habilidades necesarias para hacerse cargo de cualquier actividad económica que emprendan en el futuro. Es fundamental que reconozcan el valor del dinero, en tanto que es resultado del trabajo humano (físico e intelectual) y que a su vez es la base de las relaciones sociales.

Aprendizaje significativo

El método Montessori es rico en estrategias para llevar al estudiante a un aprendizaje significativo, mediante técnicas sencillas y claras que le permitan avanzar hacia la independencia y la conciencia social, base de la paz y el desarrollo de las sociedades.

En la Comunidad de Adolescente Hipotética los alumnos aprenderán a partir de la lección de tres periodos. En el primer periodo recibirán una breve exposición que los enganchará con un tema, a partir del cual podrán trabajar proyectos en las áreas de ciencias y humanidades, en los que se incluyan todas las materias incluidas en el programa oficial, como matemáticas, historia, física, civismo, química y otras, además de que recibirán presentaciones de temas selectos en dichas materias, para complementar su perspectiva del conocimiento que están en proceso de adquirir.

Respecto de la *libre elección*, Montessori nos dice que: "es la actividad más elevada: solo el niño que conoce aquello que necesita para ejercitar y desarrollar su vida espiritual puede escoger libremente de verdad" (Montessori, 1986).

En el segundo periodo, los estudiantes levarán a cabo experimentos, descubrimientos, análisis, debates, investigaciones y todas las estrategias que necesiten para profundizar en los temas. En el tercer periodo, expondrán sus procesos y resultados por medio de su creatividad.

Para reforzar su formación integral, los estudiantes recibirán la oportunidad de llevar a cabo ejercicios de autoexpresión, tanto artística (telar, cerámica, carpintería, pintura y música), como física (vólibol, frisbee, artes marciales mixtas, capoeira y baile de salón).

Asimismo, será cuidado su desarrollo psíquico con énfasis en la educación moral, las matemáticas y los idiomas extranjeros (inglés y latín). Como dice Montessori: "El niño que tiene libertad de acción se cura de todas las perturbaciones psíquicas, o se salva de ellas por completo, y se convierte en amo de sus propias energías" (Montessori, 1998b).

En el rubro de la preparación para la vida adulta, trabajarán los proyectos de ocupación antes mencionados, en las áreas de ciencia y humanidades, con el objetivo de más que detalles adquieran perspectiva de la ciencia, la tecnología, la cultura y las civilizaciones humanas. "Enseñar los detalles significa llevar confusión, establecer las relaciones entre las cosas significa dar conocimiento" (Montessori, s/d).

Con esta planeación y estrategias específicas, los adolescentes de la Comunidad de Adolescente Hipotética tendrán las experiencias de integración social y trabajo, a la par de que adquirirán competencias académicas satisfactorias, y estarán preparados para la siguiente etapa de su vida, con herramientas y habilidades aprendida a través de la práctica real.

Referencias

"Dr. Montessori's Third Lecture". *The Erdkinder Reserch And Devepment Report*. 1981.

Montessori, Maria. *De la infancia a la adolescencia*. México: s/d.

Montessori, Maria. *Dr. Montessori's Thrid Lecture*. Inglaterra: AMI, 1936.

Montessori, Maria. *La mente absorbente del niño*. México: Diana, 1986.

Montessori, Maria. *El niño: el secreto de la infancia*. México: Diana, 1997.

Montessori, Maria. *El método de la pedagogía científica*. España: Arulece, 1937.

Montessori, Maria. *La educación de las potencialidades humanas*. Argentina: Errepar, 1998a.

Montessori, Maria. *Educación y paz*. Argentina: Errepar, 1998b.

Asociación Montessori Internacional. *The Second Plane of Education*. EUA: AMI, 2005.

Foto 5. Hershey Montessori School cuenta con una biblioteca escolar amplia, sobre diversos temas en varios idiomas (se enseña español
como segunda lengua). Encontré este ejemplar de *La sociedad desescolarizada* de Iván Illich, un clásico que cuestiona el valor de la escuela y
sus resultados en el ser humano. Los alumnos puede leerlo libremente.

COMUNIDAD DE ADOLESCENTES[3]

PROGRAMA

1. Matemáticas y segunda lengua

MATEMÁTICAS: Se trabaja en un ambiente adecuado, en sesiones breves, se hace calentamiento mental y ejercicios, se les facilita el material para trabajar a un ritmo personal. Los conceptos de preálgebra y álgebra son desarrollados en uno o dos años, para que los adolescentes se aproximen a su estudio de una manera adecuada.

SEGUNDA LENGUA: Vivimos en una comunidad multicultural, por lo que podemos estar en contacto con diferentes lenguas constantemente. Se privilegia que la adquisición de una nueva lengua, diferente a la materna, se lleve a cabo a través de la cultura.[4]

---

[3] En muchos lugares también se le conoce como taller III.
[4] Por razones que ignoro, la enseñanza del inglés es un pendiente en muchos colegios Montessori en México, según lo que leí, vi y me compartieron. Aunque el sistema da para que se aprenda cualquier conocimiento, esto sigue siendo un hueco importante. La mayoría de los

2. Talleres

Se da la oportunidad de que los maestros diseñen una serie de sesiones acerca de los temas basados en los temas de interés de los estudiantes. Por lo general tienen una sesión de 45 minutos dos veces por semana.

ALGUNOS TEMAS: Repaso de matemáticas y gramática; escritura de oraciones, párrafos, reportes; escritura creativa; métodos de investigación; vocabulario; mecanografía; habilidades en computación; debates; noticias de actualidad; orientación vocacional; salud y estilo de vida; preparación para exámenes o pruebas; trabajo al aire libre; ejercicio.

3. Círculo de lectura y Seminarios

Todos los miércoles, se realizarán lecturas para apreciar y analizar obras de literatura, como novelas, cuentos, poesía y otros géneros, y luego general debates breves. El enfoque es hacia la elaboración de preguntas y respuestas adecuadas con la naturaleza de los textos. Se seleccionarán de preferencia obras clásicas, de diferentes culturas, pero siempre bajo consenso del grupo.

---

testimonios de padres o madres que escuché no lo veían mal, pues privilegiaban el método a que sus hijos aprendieran inglés, además de que muchos niños eran bilingües por provenir de familias con matrimonios de personas con lenguas maternas distintas o bilingües.

4. Expresión creativa y Expresión física
(música, arte, teatro, baile, deporte, actividades al aire libre)

El objetivo es desarrollar expresión creativa y física, con la opción de que los estudiantes puedan practicar dichas habilidades a lo largo de su vida, como un hábito. Se puede invitar a entrenadores y artistas locales (teatro, artesanías, música, danza, otras artes, deporte organizado, actividades al aire libre).

5. Proyectos multidisciplinarios

Se trabajan de forma transversal entre las áreas del conocimiento que permitan el desarrollo de un proyecto de interés de los alumnos y que vaya de acuerdo con los lineamientos gubernamentales y los métodos de trabajo de taller III.

6. Responsabilidad social y Prácticas de vida

Es importante que el trabajo que lleven a cabo los estudiantes sea significativo y que con ello puedan contribuir a su adaptación social. Cabe recordar que viven la experiencia de ser parte de una sociedad a escala (labores de la granja, cocina, carpintería, microeconomía).

Foto 6. Presentación de materiales de trabajo y clase muestra, en esta caso de aritmética, por parte de la guía titular, durante la Orientation to Adolescents Studies. Los guías en formación toman una lección como lo harían los estudiantes adolescentes. La guía apoya en todo momento. La idea es tener una experiencia real y práctica.

COMUNIDAD DE ADOLESCENTES

PROPUESTA DE HORARIO

Hr	Lunes	Martes	Miércoles	Jueves	Viernes
08:30	Entrada	Entrada	Entrada	Entrada	Entrada
08:45	Reunión matutina	Reunión matutina	Reunión matutina	Reunión matutina	Reunión matutina
09:00-10:15	Matemáticas/ Geometría	Matemáticas/ Geometría	Expresión creativa/ Expresión física	Matemáticas/ Geometría	Proyectos de Humanidades
10:15-11:30	Idioma adicional	Idioma adicional		Idioma adicional	Matemáticas/ Geometría
11:30-12:15	Receso/ lunch	Receso/ lunch	Receso/ lunch	Receso/ lunch	Seminario Taller de Escritura
12:15-13:00	Talleres	Talleres	Círculo de lectura	Talleres	Receso/ lunch
13:00	Reunión mediodía	Reunión mediodía	Reunión de reflexión	Reunión mediodía	Trabajo comunitario
13:10-15:15	Proyectos de Humanidades	Proyectos de Humanidades	Expresión creativa/ Expresión física	Proyectos de Humanidades	Trabajo comunitario
15:15	Aseo	Aseo	Aseo	Aseo	Aseo
15:45	Reunión de cierre	Reunión de cierre	Reunión de cierre	Reunión de cierre	Reunión de cierre
16:15	Salida	Salida	Salida	Salida	Salida

FOTO 7. Diferentes recursos de trabajo expuestos por los guías. El método Montessori incluye la elaboración de materiales didácticos especiales para la enseñanza. Los aspectos visuales y sensoriales, así como los tamaños y las materias primas son importantes para su elaboración, lo que, está demostrado, permite un mejor aprendizaje.

PROYECTOS DE HUMANIDADES

21 julio

Descripción

Los alumnos desarrollarán un proyecto de humanidades (mulstidisciplinario), en el que incluirán elementos de diferentes materias, como historia, lenguaje, arte, tecnología, matemáticas (ciencia), alimentación, entre otros. Deben tener un punto de referencia base, es decir, un punto de partida. Por ejemplo, la cultura griega. A partir de este periodo desarrollarán su investigación-experimentación-actividades-redacción de forma continua durante cuatro semanas. La idea es que se ponga al estudiante en relación con la civilización y la cultura de la humanidad a través de la experiencia. Esto le dará una mejor preparación para la vida adulta: porque a través del conocimiento del pasado comprende el presente. Ayudamos al estudiante a lograr una visión general de la historia.

Tiempo

Cada proyecto de humanidades durará 4 semanas, cada semana consistirá en 2 días de 2 horas cada día, es decir, 4 horas por semana. En total, tendrán 8 días y 16 horas para planearlo, desarrollarlo y presentarlo a la comunidad. Los horarios de trabajo son lunes y martes de 13 a 15 horas (los jueves y viernes trabajarán proyectos de ocupación en ciencias en el mismo horario).

Materiales

Se utilizarán todos los recursos tanto de espacio como académicos. Para empezar, habrá una reunión en el salón de Centro Académico. Luego los alumnos trabajarán en la biblioteca, en el museo de la maquinaria y la transformación, el huerto, el corral, el resto de la granja. Además, podrán hacer investigación fuera de la Comunidad de Adolescentes Hipotética, como en bibliotecas, archivos, museos, parques y demás espacios que les sean útiles para sus fines. Serán importantes las visitas del grupo a especialistas o la visita de estos a la granja, en sesiones de 2 horas en los días programados.

Método

Se utilizará la lección de tres periodos, para fomentar en los estudiantes el estudio autodidacta y las acciones autodirigidas.

Resultados

Cada estudiante y cada grupo deberá ahondar lo más que pueda en los temas que desarrollo, con ello se cumplirá la meta de aprendizaje para cada bimestre. Se irá mucho más allá del programa oficial y no necesariamente en el orden cronológico propuesto por el gobierno.

Evaluación

La evaluación es cualitativa. Se toman en cuenta los avances diarios, la asistencia a las lecciones, la redacción del diario de trabajo, el trabajo en equipo, el uso de recursos de investigación, los métodos empleados, la participación en el debate, los trabajos finales, la expresión creativa.

Resumen del método de los tres periodos

Primer periodo

Después de que el guía ha preparado todo su material, el proyecto de humanidades comienza con

- una presentación inicial:
  - incluye una invitación (apertura de tema)
  - una historia significativa (contada por el guía)
  - la descripción del trabajo
- las claves del tema:
  - lista de conceptos, criterios o lineamientos para el trabajo
  - el vocabulario: lista de palabras a definir
- lecciones claves: presentación o exposición de temas importantes, de forma breve, por parte del guía (deben ser pocas y todos deben asistir)
- experiencias clave: qué podemos hacer que el estudiante viva acerca de cada tema en especial

Segundo periodo

Aquí es cuando se ponen en práctica los tipos de investigación y experimentación que los estudiantes decidan para cada caso: investigar, dialogar, debatir, explorar, visitar, consultar expertos.

Fuentes donde desarrollará su investigación: fuentes primarias, fuentes secundarias, mapas, cuadros, gráficos, líneas del tiempo, arte y arquitectura, música, sitios históricos, museos y colecciones (públicas y particulares).

Tercer periodo

En esta etapa, los estudiantes expondrán los resultados de sus trabajos en forma creativa, bajo su libre elección. Demostrarán con experimentos o trabajos escritos los resultados de sus investigaciones. No hay límite para la creatividad en esta parte. Los estudiantes podrán exponer sus conocimientos con la elaboración de una máquina, con la producción de un video, con una conferencia a varias voces, con un libro (escrito, impreso y encuadernado), por medio de una obra de teatro, con ensayos o artículos científicos, con un juego de mesa, con una línea del tiempo, con música o pintura. Estos elementos pueden ser combinados para cada presentación.

Temas de humanidades a desarrollar en el primer año

LA HISTORIA DE LA HUMANIDAD			
Agricultura temprana	*Civilizaciones clásicas: erección de ciudades, estados, naciones*	*Sociedades en transición: patrones de cambio*	*Ideas modernas, tecnología y ciencia: problemas del mundo moderno*
Las sociedades en las edades tempranas de la civilización se agruparon en torno a comunidades agrícolas. Se caracterizaron por la formación de asentamientos permanentes, crecimiento acelerado de la población y estructuras de gobierno a gran escala. Esta sección también incluye discusiones sobre por qué surge la agricultura, donde y cuando nació, y por qué ciertas sociedades nunca la utilizaron	Sociedades en el apogeo de su desarrollo artístico e intelectual. Innovaron artística, política, religiosa y tecnológicamente. La agricultura se desarrolló y les permitió tener tiempo libre, para la adquisición de conocimientos, al menos para una parte de la población. Surgieron ideas cada vez más sofisticadas de los derechos y responsabilidades de las personas; emergió una sofisticación de la vida social	Sociedades, culturas o civilizaciones en un periodo de transición con inventos, descubrimientos, migraciones, etc., que las condujo a cambios significativos en la organización social de las sociedades. La religión, la ciencia o la tiranía de un individuo, grupo o idea pueden actuar como la base de este cambio. Esta es una categoría fundamentalmente transaccional, en que se analizan las causas y los efectos del punto de inflexión	La tecnología, la ciencia y la fuerza de la mente humana han creado cambios y han superado o maniobrado las fuerzas que antes eran consideradas más potentes (fuerza bruta, ignorancia, tiranía de la mayoría, superstición flagrante, dominación, etc.). El cambio es más rápido. La creatividad intelectual alimenta la producción tecnológica, incluso el desarrollo. A menudo tiene como resultado problemas de injusticia, inequidad e Impacto ambiental

Opciones	Opciones	Opciones	Opciones
Olmecas Mayas Mesopotamia Egipto antiguo China antigua Imperio inca Agricultura en América	Roma clásica Grecia clásica Alejandría China clásica Japón clásico Imperio oto- mano Persia Filosofía y demo- cracia	Revolución indus- trial en el mundo Esclavitud Medioevo Renacimiento Religiones Migraciones e invasiones La Conquista y la Colonia Independencia de México Pérdida de terri- torio Revolución mexi- cana	Educación y paz Científicos Ilustración México en el siglo XX y XXI Uso de la energía Globalización Comunicación y tecnología Problemas mun- diales de alimen tación Historia de la mujer Economía global La identidad del mexicano actual

Foto 8. Terraza al aire libre donde se toman los alimentos o se trabaja. Los edificios en segundo plano son el museo de la maquinaria y la transformación, el corral y el granero, invernaderos y lugar de herramientas para el huerto. Al fondo, parte del bosque de la escuela. Los pastos o prados son abundantes y un riachuelo cruza la granja.

PROYECTO DE HUMANIDADES

Guía: Daniel Zetina
Tema: La cultura griega
Bimestre: Primero
Fechas: Septiembre a octubre

Primer periodo

1. Historia para iniciar

La caverna de Platón (narrativa). En el fondo de una caverna un grupo de hombres mira la pared, ahí contemplan las sombras provocadas por una fogata a sus espaldas. Es lo único que conocen del mundo, las sombras de aquello que sucede fuera de su vista, atrás de ellos. Como no ven el mundo, ignoran que existe. Creen que lo que miran es todo lo que hay en el mundo para ellos. Cierto día, uno de los hombres decide salir, la mayoría lo acusa de soberbio, le dicen que no hay nada más allá, desconfían de él, se burlan. El hombre sale y descubre el mundo que hay afuera, el *mundo real*, con todo lo que la naturaleza ha creado, mientras el resto sigue mirando las sombras. Ese hombre es un filósofo.

2. Lista de ideas para iniciar

El maestro de viste de toga, sale con el grupo a caminar en círculos en el patio, mientras cuenta la historia y entrelaza conceptos. Observa a lo lejos y dice ver la acrópolis. Luego en el salón hace una presentación powerpoint básica. Se lleva a cabo un círculo inicial sobre cómo se trabajará:

- El tema es ...
- Los subtemas que podemos desarrollar son
- Elecciones personales
- Trabajo
  - Diario de trabajo
  - Vocabulario
  - Figuras históricas
  - Lecturas
- Trabajo en casa
- Trabajo colectivo
- Trabajo individual
- Demostración

3. Vocabulario

Ateneo	Polis	Tragedia
Senado	Acrópolis	Democracia
Clásico	Metafísica	Olimpo
Atenas	Estética	Helénico
Filosofía	Musas	Cristianismo
Sofista	Esparta	Olimpiadas

4. Figuras históricas y dioses

Sócrates	Aquiles	Pitágoras	Arquímides	Zeus
Platón	Hipócrates	Herodoto	Alejandro Magno	Apolo
Aristóteles	Sófocles	Homero	Tucídides	Afrodita
Diógenes	Heráclito	Esquilo	Eurípides	Poseidón

5. Conceptos clave

- La filosofía
- La república/democracia
- Mitología griega
- El número de Dios
- El teatro griego: tragedia, comedia

6. Otros temas

- Guerras
- Fundación de Roma (Rómulo y Remo)
- Economía
- Qué pasaba en América

7. Lecturas sobre el tema

- Homero, *La Ilíada* y *La Odisea*
- Platón, *La República*
- José Saramago, *La caverna*, Alfaguara, 1998
- Gabriel Rayos García, "Los sofistas", en *La caverna de Platón*, 2006. Disponible en: www.lacavernadeplaton.com

• Marco Alviz Fernández, *La sociedad romana a través de las sátiras de Juvenal (V): Un día en Roma*, blog Sit Tibi Terra Levis, disponible en: http://sitibiterralevis.wordpress.com

8. Conexión con nuestra comunidad

• Visita o análisis de iglesias, estilo neoclásico
• Las plantas de la granja y el número áureo
• República democrática moderna (México)
• Comida griega
• Los Juegos Olímpicos en la actualidad

Segundo periodo

Recursos

• Mapas/estadística/bases de datos
• Lecturas
• Líneas del tiempo
• Visitas a lugares
• Visitas de expertos
• Retos especiales (el reto del tema)
• Seminarios, en torno a tópicos o lecturas, por ejemplo, el tema de "La caverna de Platón", el número áureo

Ideas para el trabajo individual

• Monólogo de personaje histórico, como Diógenes
• Redacción de aforismos como Diógenes y los cínicos

- Comparación de roles con nuestra época (la mujer, el policía, el constructor, el artista...)
- Música y arte
- Un personaje especial
- Análisis de un aspecto social específico

Tercer periodo

Demostración. Elegir al menos tres opciones:

- Escritura: proyecto, diario, ensayos, notas, investigaciones, justificaciones...
- Expresión oral: plática, lectura, debate...
- Expresión creativa: mímica, dibujo, teatro, construcción de maquetas...

Cuidar como profesor

- Conexión con temas básicos de Montessori
- Interdisciplina
  - Humanidades + ciencias
  - Humanidades + matemáticas
  - Humanidades + expresión creativa
- Elementos de la historia como una actividad académica
- Las bellas artes: teatro, música y arte.
- Tensión entre el mundo natural y la alteración humana del mundo natural (naturaleza frente a la supranaturaleza)
- Elementos de la producción y el comercio
- Descubrimientos, invenciones, exploraciones

Evaluación

La calificación será pasar o no pasar. De forma cualitativa, debemos tomar en cuenta lo siguiente, aunque se adaptará a criterios cuantitativos:

- Diario
- Metas generales del tema
- Metas de grupo y personales de cada estudiante
- Comprensión de los conceptos clave
- Metodología y recursos empleados
- Aspectos particulares
- Alcances de la demostración
- Comprensión de las principales ideas
- Vocabulario
- Habilidades
- Interpretación de mapas
- Búsqueda de fuentes
- Trabajo en equipo
- Trabajo individual
- Presentación oral
- Comprensión de lectura
- Trabajo (observación)
- Diario de trabajo
- Asistencia a lecciones
- Tarea fuera de horario escolar
- Mapas
- Arte
- Investigación individual

Programa oficial

Con este proyecto se abarcarán las siguientes materias del programa oficial (2015):

Materia	Temas	Aplicación
Español	Redacción, vocabulario	Lectura, redacción de trabajos, seminario
Matemáticas	Proporción áurea	Medición en naturaleza, análisis de arte griego
Ciencias	Física/química	Análisis de templos, plantas y alimentos
Geografía	Europa	Mapas
Historia	Grecia	Lectura, líneas del tiempo
Formación cívica y ética	Filosofía griega	Pensamiento socrático y platónico
Educación física	Disciplinas olímpicas	Ejercitación
Tutoría	Asesoría personal	De acuerdo con las necesidades del alumno
Tecnología	Ingeniería friega, computadoras	Análisis, búsqueda en internet, redacción, diseño
Artes	Teatro, literatura, música	Lectura, representación
Segunda lengua	Latín	Etimologías griegas

FOTO 9. Actividad dirigida por el maestro David Khan (de pie a la izquierda), sobre la interacción o correlación de todos los ámbitos del conocimiento por medio de listones. Una especie de constelación de las diferentes materias (en el grupo había directores, coordinadores y maestros de materias específicas). Una práctica conmovedora.

PROYECTOS DE OCUPACIÓN

21 julio

Descripción

Los alumnos desarrollarán un proyecto de ocupaciones, defini-do como una actividad colectiva que además lleve a los alumnos a investigar. Incluirán elementos de diferentes materias, como historia, lenguaje, arte, tecnología, matemáticas (ciencia), ali-mentación, entre otros. Es decir, se trabajan manos y mente al mismo tiempo. Deben tener un tema de partida, aunque se en-foquen en diferentes aspectos del mismo. Se hace un proyecto de las acciones y la investigación que sea necesaria para llevarla a cabo. En cada proyecto habrá metas. La idea es que se ponga al estudiante en relación con el trabajo real, como lo haría un adulto, en actividades que durarán 4 semanas (32 horas) y que los prepararán para la vida futura.

Tiempo

Cada proyecto de ocupaciones durará 4 semanas, cada semana consistirá en 2 días de 2 horas cada día, es decir, 4 horas por se-mana. En total, tendrán 8 días y 16 horas para planearlo, desarro-llarlo y presentarlo a la comunidad. Los horarios de trabajo son lunes y martes de 13 a 15 horas (los jueves y viernes trabajarán proyectos de ocupación en ciencias en el mismo horario).

Materiales

Se utilizarán todos los recursos tanto de espacio como académicos. Para empezar, habrá una reunión en el salón de Centro Académico. Luego los alumnos trabajarán en la biblioteca, en el museo de la maquinaria y la transformación, el huerto, el corral, el resto de la granja. Además, podrán hacer investigación fuera de la Comunidad de Adolescentes Hipotética en bibliotecas, archivos, museos, parques y demás espacios que les sean útiles para sus fines. Serán importantes las visitas del grupo a especialistas o la visita de estos a la granja, en sesiones de dos horas en los días programados.

Método

Se utilizará la lección de tres periodos, para fomentar en los estudiantes el estudio autodidacta y las acciones autodirigidas.

Resultados

Cada estudiante y cada grupo deberá ahondar lo más que pueda en los temas que desarrollo, con ello se cumplirá la meta de aprendizaje para cada bimestre. Se irá mucho más allá del programa oficial y no necesariamente en el orden cronológico propuesto por el gobierno.

Evaluación

La evaluación es cualitativa. Se toma en cuenta los avances diarios, la asistencia a las lecciones, la redacción del diario de trabajo, el trabajo en equipo, el uso de recursos de investigación, los métodos empleados, la participación en el debate, los trabajos finales, la expresión creativa.

Resumen del método de los tres periodos

Primer periodo

Después de que el guía ha preparado todo su material, el proyecto de humanidades comienza con

- Una presentación inicial:
- Incluye una invitación (apertura de tema)
- Una historia significativa (contada por el guía)
- La descripción del trabajo
- Las claves del tema:
- Conceptos, criterios, lineamientos para el trabajo
- Vocabulario: lista de palabras a definir
- Lecciones clave: presentación o exposición de temas importantes, de forma breve, por parte del guía (deben ser pocas y todos deben asistir)
- Experiencias clave: qué podemos hacer que el estudiante viva acerca de cada tema en especial

Segundo periodo

Aquí es cuando se ponen en práctica los tipos de investigación y experimentación que los estudiantes decidan para cada caso: investigar, dialogar, debatir, explorar, visitar, consultar expertos.

Fuentes en donde desarrollará su investigación: fuentes primarias, fuentes secundarias, mapas, cuadros, gráficos, líneas del tiempo, arte y arquitectura, música, sitios históricos, museos y colecciones (públicas y particulares).

Tercer periodo

En esta etapa, los estudiantes expondrán los resultados de sus trabajos en forma creativa, bajo su libre elección. Demostrarán con experimentos o trabajos escritos los resultados de sus investigaciones. No hay límite para la creatividad en esta parte. Los estudiantes podrán exponer sus conocimientos con la elaboración de una máquina, con la producción de un video, con una conferencia a varias voces, con un libro (escrito, impreso y encuadernado), por medio de una obra de teatro, con ensayos o artículos científicos, con un juego de mesa, con una línea del tiempo, con música o pintura. Estos elementos pueden ser combinados para cada presentación.

Temas de humanidades a desarrollar en el primer año

Se trabajarán diferentes temas/actividades, de acuerdo con las necesidades de nuestra Comunidad de Adolescentes Hipotética.

Por ello, iniciaremos con gallinas y composta y luego veremos qué será bueno, de acuerdo con las necesidades e inclinaciones de los estudiantes.

Foto 10. Práctica de tiro con arco tradicional. Se llevó a cabo como una actividad deportiva, pero se llevó a profundidad, con una explicación previa de la arquería en la historia, una demostración, exposición de los materiales y el ambiente de trabajo especial para ello, para después hacer tiros a los costales.

Foto 11. Colmenas ubicadas al aire libre, junto al lago. Se utilizan para lecciones de ciencia: biología (principalmente), matemáticas, nutrición, física u otras materias. Además, se cultiva y se extrae la miel, que puede consumirse en la escuela o transformarse para comercializarse junto con otros productos, a través de la microeconomía.

PROYECTO DE OCUPACIÓN I

Guía: Daniel Zelina
Tema: Composta
Bimestre:
Fechas:

Primer periodo

1. Historia para iniciar

"La materia no se crea ni se destruye, solo se transforma" (Ley de Conservación de la Materia de Antoine Lavoisier). Una historia, qué materias abarca (biología, química, física, matemáticas, repercusiones de la teoría.

2. Lista de ideas para iniciar

- Actividad inicial
- En ambiente exterior: elementos de la composta:
  ○ Sobrantes de comida
  ○ Tierra
  ○ Paja
  ○ lombrices

- Se lleva a cabo un seminario sobre cómo se trabajará
- El tema es…
- Los subtemas que podemos desarrollar son
- Elecciones personales
- Trabajo
    - Diario de trabajo
    - Vocabulario
    - Lecturas
    - Trabajo en casa
- Trabajo colectivo
- Trabajo individual
- Demostración

3. *Vocabulario (40 palabras)*

Reciclar	Lombrices	Basura	Hongos	Degradación

4. *Conceptos clave*

- Separación y reutilización de residuos
- Compostero
- Transformación de la materia
- Generación de abono
- Trabajo constante (hábitos)
- Ecología
- Abono

5. *Otros temas*

- Gases
- Bacterias
- Agricultura casera
- Humedad

6. *Lecturas sobre el tema*

- Artículo: Gloria C. Picó Acosta. *Composta.* Disponible en: http://agricultura.uprm.edu
- Video sobre huerto familiar y autosuficiencia alimentaria México o composta, en www.youtube.com

7. *Conexión con nuestra comunidad*

- Reducción de basura
- Experiencias de conocidos
- Composteros municipales o estatales

Segundo periodo

Acciones

- Separar residuos de comida
- Elaborar compostero propio
- Generar abono
- Aprovechar abono en agricultura propia
- Visitar composteros

Materiales

- Guantes, botas, cubrebocas
- Cubetas, botes
- Palas, rastrillos
- Tierra, hojarasca

Recursos

- Mapas/estadística/bases de datos
- Lecturas
- Líneas del tiempo
- Visitas a lugares
- Visitas de expertos
- Artes
- Análisis nutricional
- Retos especiales (el reto del tema)
- Seminarios

Ideas para el trabajo individual

- Cuento
- Dibujo
- Cartel
- Escultura
- Cocina

Tercer periodo

Para la demostración, los alumnos pueden elegir algunas de las siguientes opciones, deben escoger por lo menos tres diferentes y pueden combinarlas:

- Escritura: proyecto, diario, ensayos, notas, investigaciones, justificaciones...
- Expresión oral: plática, lectura, debate...
- Expresión creativa: mímica, dibujo, teatro, construcción de maquetas...

Cuidar como profesor

- Conexión con temas básicos de Montessori
- Interdisciplina
  - Humanidades + ciencias
  - Humanidades + matemáticas
  - Humanidades + expresión creativa
- Elementos de la historia como una actividad académica
- Las bellas artes: teatro, música y arte.
- Tensión entre el mundo natural y la alteración humana del mundo natural (naturaleza frente a la supranaturaleza)
- Elementos de la producción y el intercambio en la sociedad / Comercio
- Descubrimientos, invenciones, exploraciones
- Migraciones e interacciones entre personas y culturas

Evaluación

De forma cualitativa, debemos tomar en cuenta lo siguiente:

- Diario
- Metas generales del tema
- Metas de grupo y personales de cada estudiante
- Comprensión de los conceptos clave
- Metodología y recursos empleados
- Aspectos particulares
- Alcances de la demostración
- Comprensión de las principales ideas
- Vocabulario
- Habilidades
- Interpretación de mapas
- Búsqueda de fuentes
- Trabajo en equipo
- Trabajo individual
- Presentación oral
- Comprensión de lectura
- Trabajo (observación)
- Diario de trabajo
- Asistencia a lecciones
- Tarea fuera de horario escolar
- Mapas
- Arte
- Investigación individual

El registro de las calificaciones será pasar o no pasar. Se adaptará a criterios cuantitativos.

Programa oficial

Con este proyecto se abarcan las siguientes materias del programa oficial:

Materia	Temas	Aplicación
Español	Redacción, vocabulario	Lectura, redacción de trabajos, seminario
Matemáticas	Cálculo	Producción de residuos, composta, abono
Ciencias	Física/química/biología	Análisis de composta
Geografía	Espacio, suelos, tierra	Elaboración de mapa y diseño de composta
Historia	Composta	Lectura
Formación cívica y ética	Conservación del medio ambiente	Lectura, análisis, seminario
Tutoría	Asesoría personal	De acuerdo con necesidades del alumno
Tecnología	Ingeniería agrícola, computadoras	Análisis, búsqueda en internet, redacción, diseño
Artes	Literatura	Lectura
Segunda lengua	Latín	Nombres científicos

FOTO 12. Versión de *El laberinto de la soledad* del mexicano Octavio Paz en la biblioteca escolar. EUA y México comparten una de las fronteras más largas y complejas del mundo. En Hershey Montessori School se fomenta la cultura de la paz y se trabaja por la armonía cultural. Desde hace años, muchos estudiantes de la escuela son mexicanos.

PROYECTO DE OCUPACIÓN II

Guía: Daniel Zetina
Tema: Crianza de gallinas
Bimestre: Primero
Fechas: Septiembre a octubre

Primer periodo

1. Historia para iniciar

La gallina de los huevos de oro (Esopo, Grecia, 620-560 aC). Un granjero y su esposa tenían una gallina que ponía un huevo de oro cada día. Supusieron que la gallina debería contener un gran terrón del oro en su interior, y para tratar de conseguirlo de una sola vez, la mataron. Haciéndolo así, encontraron, para su sorpresa, que la gallina se diferenciaba en nada de sus otras gallinas. El par de ingenuos, esperando llegar a ser ricos de una sola vez, se privaron en adelante del ingreso del cual se habían asegurado día por día.

Moraleja: Nunca destruyas, por ninguna razón, lo que buenamente has adquirido y te está proveyendo de bienestar.

"¿Qué fue primero, el huevo o la gallina?"

- Uno de los enigmas
- Ciencia, filosofía, metafísica
- Aristóteles: primer hombre sin padres
- Darwin: la formación genética no se da en un individuo, solo en su genética

2. Lista de ideas para iniciar

- Actividad inicial
- Presentar en el salón un huevo, un pollito, una gallina y un gallo, los alumnos los tocan seminario:
  o ¿Qué es esto? ¿qué hace una gallina? ¿cómo podemos trabajar con ellas?
  o ¿Qué es una granja? ¿cómo se le da mantenimiento?
  o ¿Qué produce una granja? ¿cómo genera ganancias?
- Escuchar canción
- Se lleva a cabo un círculo inicial sobre cómo se trabajará
- El tema es…
- Los subtemas que podemos desarrollar son
- Elecciones personales
- Trabajo
  - Diario de trabajo
  - Vocabulario
  - Lecturas
  - Trabajo en casa
- Trabajo colectivo
- Trabajo individual
- Demostración

3. Vocabulario

Célula	Ovogénesis	Incubación	Cascarón	Empollar
Orgánico	Espolón	Proteínas	Comedero	Piojos
Ovíparos	Nido	Corral	Fotoperiodo	

4. Conceptos clave

- Historia de la domesticación de animales
- Libre pastoreo
- Norma oficial mexicana
- Endogamia/exogamia
- Gallinaza
- Aves de corral
- Crianza orgánica
- Mantenimiento de corral
- Nutrición

5. Otros temas

- Enfermedades de aves de corral
- Alimentación orgánica
- Aspectos culturales
- Análisis de la palabra *gallina* (origen, homonimia)
- Ovolactovegetarianos
- Peleas de gallos
- Otros huevos que comemos: avestruz, pavo, codorniz, tortuga

6. Lecturas sobre el tema

- *Producción y manejo avícola.* Fundación Origen-Escuela Agroecológica de Pirque. Chile. Disponible en: http://fundacionorigenchile.org/manuales/ManualAvicola.pdf
- Triunfo Arciniegas. *Mi mamá no es una gallina.*
- Esopo, *La gallina de los huevos de oro*
- *El plato del bien comer.* Secretaría de Salud.

7. Conexión con nuestra comunidad

- Consumo de huevo en casa
- Alimentos que requieren huevo
- Granjas cercanas
- Precios en el mercado

Segundo periodo

Acciones

- Visitar corrales o gallineros
- Interactuar con aves
- Tomar huevos
- Plática con especialista
- Alimentación de aves
- Cuidado del corral
- Cocinar y comer huevo
- Analizar huevo

Materiales

- Guantes, botas, cubrebocas
- Cubetas, palanganas, palas para alimento, escobas
- Jeringas y otros instrumentos
- Gallinas, huevos

Recursos

- Mapas/estadística/bases de datos
- Lecturas
- Líneas del tiempo
- Visitas a lugares
- Visitas de expertos
- Artes
- Análisis nutricional
- Retos especiales (el reto del tema)
- Seminarios

Ideas para el trabajo individual

- Poesía
- Cuento
- Cartel
- Escultura

Tercer periodo

Para la demostración los alumnos pueden elegir algunas de las siguientes opciones, deben escoger por lo menos tres diferentes y pueden combinarlas:

- Escritura: proyecto, diario, ensayos, notas, investigaciones, justificaciones...
- Expresión oral: plática, lectura, debate...
- Expresión creativa: mímica, dibujo, teatro, construcción de maquetas...

Cuidar como profesor

- Conexión con temas básicos de Montessori
- Interdisciplina
    - Humanidades + ciencias
    - Humanidades + matemáticas
    - Humanidades + expresión creativa
- Los elementos de la historia como una actividad académica
- Las bellas artes: teatro, música y arte.
- Tensión entre el mundo natural y la alteración humana del mundo natural (naturaleza frente a la supranaturaleza)
- Elementos de la producción y el intercambio en la sociedad / Comercio
- Descubrimientos, invenciones, exploraciones
- Migraciones e interacciones entre personas y culturas

Evaluación

La calificación será pasar o no pasar. De forma cualitativa, debemos tomar en cuenta lo siguiente, aunque se adaptará a criterios cuantitativos:

- Diario
- Metas generales del tema
  - Metas de grupo y personales de cada estudiante
  - Comprensión de los conceptos clave
  - Metodología y recursos empleados
  - Aspectos particulares
  - Alcances de la demostración
  - Comprensión de las principales ideas
- Vocabulario
- Habilidades
  - Interpretación de mapas
  - Búsqueda de fuentes
  - Trabajo en equipo
  - Trabajo individual
  - Presentación oral
  - Comprensión de lectura
- Trabajo (observación)
  - Diario de trabajo
  - Asistencia a lecciones
  - Tarea fuera de horario escolar
  - Mapas
  - Arte
  - Investigación individual

Programa oficial

Con este proyecto se abarcan las siguientes materias del programa oficial:

Materia	Temas	Aplicación
Español	Redacción, vocabulario	Lectura, redacción de trabajos, seminario
Matemáticas	Cálculo	
Ciencias	Física/química/biología	Análisis de templos, plantas y alimentos
Geografía	Análisis de espacio	Elaboración de mapa y diseño de corral
Historia	Las aves de corral	Lectura, líneas del tiempo
Formación cívica y ética	Comida saludable	Lectura, análisis, seminario
Tutoría	Asesoría personal	Según necesidades del alumno
Tecnología	Ingeniería agrícola, computadoras	Análisis, búsqueda en internet, redacción, diseño
Artes	Literatura	Lectura, representación
Segunda lengua	Latín	Nombres científicos

GLOSARIO PRIMERA SEMANA

1. Planos de desarrollo

Montessori propone esta teoría, en la que indica que hay cuatro *planos de desarrollo* en el ser humano, entre los 0 y los 24 años de edad (que podríamos llamar la fase escolar del ser humano). Los periodos se dividen de la siguiente manera, como lo mostró Elise Huneke-Stine (30 de junio):

Primer plano: De los 0 a los 3 años, aquí es importante el movimiento, la coordinación primaria de las extremidades. Los niños a esta edad son "exploradores sensoriales", todo lo absorben por los sentidos. Comienza a relacionarse con su entorno y su intelecto se desarrolla interiormente.

Segundo plano: Etapa de crecimiento. Nace especial interés en la cultura y el conocimiento en general. Su intelecto también se expande. Desea saber el porqué de las cosas hasta sus últimas consecuencias. Son capaces de notar su crecimiento, en relación con el plano anterior. Surge la pulsión gregaria con mayor fuerza. Son capaces de mayor concentración. Tienen un marcado sentido de justicia.

Tercer plano: Los cambios físicos son impresionantes. Hay un desequilibrio en el orden y la armonía del ser

91

humano. Psicológicamente se vuelven muy sensibles y demandan mucha atención hacia su persona.

Cuarto plano: El ser humano alcanza la madurez y esto implica autosuficiencia e independencia.

Montessori expuso esta teoría de diferentes formas, a la que llamó "el ritmo constructivo de la vida" (figura 2). Propuso un diseño lineal con triángulos, en los que divide cada periodo en dos, partiéndolos exactamente por la mitad, de esa forma explica que cada periodo tiene una fase de aprendizaje y otra fase de perfeccionamiento. Cada plano es independiente del previo y del siguiente, pero cada uno es la vez una base para el que sigue, como si fueran los eslabones de una cadena, para que la unidad sea firme, debe serlo cada una de las partes que la componen. La otra propuesta gráfica es "el bulbo" (figura 3), que ofrece una visión más orgánica, en un dibujo que parece una planta, de la raíz (bulbo) al tallo. Al inicio, existe un embrión espiritual (1º), luego un periodo de calma o crecimiento (2º), para llegar a otro bulbo, etapa de la adolescencia (3º) y por último un periodo más constante (4º).

Montessori plantea un método que se adapte a todas estas etapas, no solo a una, de esta forma podemos verlo como un método universal de educación: "Si la personalidad humana es una en todas las etapas de desarrollo, debemos concebir un principio de educación que se refiera a todas las etapas" (Grazziani, 1996, p. 238).

Figura 2. Trabajo y sociedad. Tomado de happymama.es

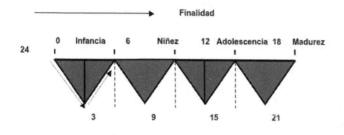

Figura 3. El bulbo. Tomado de montessoriparatodos.es

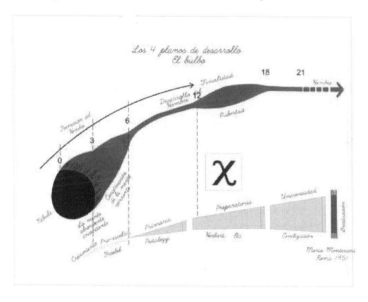

Referencias

Grazziani Camillo. The four planes of development. *The NAMTA Journal*. Vol. 21, No. 2, 1996.

2. La mente absorbente

Los niños en el primer plano de desarrollo tienen una *mente absorbente*. Son como una esponja, en primer lugar, a través de los sentidos, para luego pasar al plano intelectual. El niño, naturalmente, abrevará de su ambiente en este "periodo formativo" (Montessori, 1986, p. 85). Esta es una visión desde la observación que hizo Montessori. Una de las conclusiones que obtuvo fue que el ser humano se distingue de los animales (entre otras cosas) por tener una "larga infancia" (Montessori, 1986, p. 85). Montessori se interesó tanto de los aspectos conscientes como de los inconscientes en el niño. Incluso confrontó su método con las nuevas tendencias de la psicología de su época (Montessori, 1998).

La siguiente cita muestra con claridad el pensamiento de Montessori y la mente absorbente: "El niño posee la sensibilidad absorbente hacia cualquier cosa que exista en su ambiente, y solo puede adaptarse mediante la observación y la absorción del ambiente: tal forma de actividad revela un poder subconsciente que solo posee el niño" (Montessori, 1986: 88).

Este periodo va de los 0 a los 6 años, dividido en dos periodos:

0-3 años: mente absorbente inconsciente: absorbe sin discriminar, recibe todas las motivaciones que le provee el entorno. Los adultos no tienen una influencia directa determinante en esta etapa.

3-6 años: mente absorbente consciente. Comienza a la par de un crecimiento en las relaciones sociales del ser humano. Hay un firme desarrollo de la inteligencia, además de un crecimiento físico evidente. ¿Pero qué absorbe el niño?: de todo, aspectos positivos (imágenes, cosas, ejemplos…) y negativos (como prejuicios).

Referencias

Montessori, Maria. *La mente absorbente del niño* México: Diana, 1986.
Montessori, Maria. *Educar el potencial humano*. Argentina: Errepar, 1998.

3. La educación cósmica

Establecida para taller I y taller II, la *educación cósmica* abarca de los 6 a los 12 años, o bien, toda la educación primaria. Cosmos significa orden y armonía. Lo que pretende esta educación es ofrecer a los estudiantes el mayor abanico posible de conocimientos.

Como en esta etapa el niño tiene una mente absorbente (Montessori, 1986) y tiene una inclinación hacia la adquisición de la cultura, hay que ofrecerle una visión de origen del universo y de la composición del mismo. Desde la teoría del Bing Bag, el origen de las especies, la flora y la fauna, el reino mineral, así como las herramientas para que él mismo pueda acceder al conocimiento poco a poco (Montessori, 1998).

Es una etapa en que el estudiante es susceptible de analizar los orígenes de la humanidad hasta llegar a su presente. Por eso puede recibir la información para contemplar una cosmovisión. Esta etapa es formativa, no de madurez, por lo que es necesario sembrar la mayoría de semillas (interés), en el niño, para que con el paso de los años pueda desarrollar su formación con mayor profundidad. El *plan cósmico* permite al niño contemplar el universo y él mismo tiene un propósito. El objetivo de la educación cósmica es crear en el estudiante una conciencia de su ser humano, relacionada con todo el mundo y la diversidad. También es un excelente método de trabajo para que el niño pueda adquirir toda la cultura posible, debido a que se le pone en contacto con materias como biología, química, matemáticas, historia, arte, lenguaje, geografía, geometría, entre otras. La forma de trabajar es usando los materiales Montessori dentro del ambiente preparado para que la mente absorbente del niño absorba y transforme su ser. Además de fomentar el uso de la imaginación y las grandes historias. Estas son relativas al origen del universo, la aparición de la vida en la tierra, la historia del hombre, el lenguaje y los números. La educación cósmica es un enfoque filosófico de la educación dentro del sistema Montessori.

Referencias
Montessori, Maria. *La mente absorbente del niño*. México: Diana, 1986.
Montessori, Maria. *Educar el potencial humano*. Argentina: Errepar, 1998.

4. Necesidades y tendencias humanas

Respecto de las *necesidades*, el ser humano tiene de diferentes tipos, existen unas vitales, otras básicas; las hay urgentes y continuas. Las necesidades en su conjunto varían de acuerdo con cada contexto, pero las necesidades no dependen de una ideología, religión ni nacionalidad. De acuerdo con la clase de Sandra Girlato (30 junio): "Los humanos debemos crecer, alimentarnos, reproducirnos, resguardarnos. Cada vez más dejamos los impulsos atrás, y avanzamos para cubrir conscientemente nuestras necesidades".

La Real Academia Española define necesidad como "Aquello a lo cual es imposible sustraerse, faltar o resistir" (DRAE, 2001). Por su parte, cuando hablamos de *tendencias* nos referimos a un impulso, una inclinación, una reacción espontánea de la persona. Dicho de otra manera, es algo que surge desde el interior de una persona y lo motiva a realizar alguna acción; en nuestro caso, visto desde la pedagogía Montessori, lo motiva a ir hacia el conocimiento y hacia la evolución. Porque, como decía Montesorri "El hombre es el autor de su propio perfeccionamiento" (Montessori, 1998).

Las tendencias humanas son: orden, orientación, exploración, comunicación, trabajo, repetición, exactitud, abstracción, autoperfeccionamiento. Las tendencias son expresiones del ser hacia el exterior para dominar su entorno, para orientar su propio estudio.

Referencias

Real Academia Española. *Diccionario de la lengua española*. España: Real Academia Española, 2001. Disponible en: http://www.rae.es/recursos/diccionarios/drae.

Montessori, Maria. *La mente absorbente del niño*. México: Diana, 1986.

5. El ambiente preparado

Como lo comentó Sandra Girlato en su lección del 1 de julio, todos necesitamos preparar nuestro ambiente para nuestras actividades: para cocinar, para dormir, para trabajar, para todo. Maria Montessori propone un *ambiente preparado* para la implementación de su método, con el fin de que el estudiante logre mejores resultados y el ser humano se desarrolle de la mejor manera: "Al darse cuenta de la naturaleza absorbente de la mente del niño, ha preparado para él un ambiente especial, y después, colocando al niño en su seno, le ha dado la libertad para vivir en él, absorbiendo lo que encuentra allí" (Standing, 1998, p. 265).

El ambiente preparado es un lugar que debe ser cuidadosamente diseñado para fomentar el autoaprendizaje del niño. Es fundamentalmente un ambiente para que el estudiante aprenda (y no para que el maestro enseñe). Deben eliminarse los obstáculos. Las áreas del ambiente preparado son: área de vida práctica, área sensorial, área del lenguaje, área de matemáticas. Todos los elementos deben estar hechos a la medida del niño: baño, muebles, perillas, materiales, camas, sillas, mesas, instrumentos musicales, herramientas, trastes…

Algo importante es que en el ambiente estarán integrados niños de diferentes edades, en un rango de tres años. Además, en todo momento debe ser estéticamente agradable, cálido: las luces, los colores, los cuadros en las paredes, el diseño en general debe ser armónico. El ambiente se completa con materiales adecuados para cada área. También son importantes los límites, tanto temporales, como espaciales. El ambiente preparado permite la expansión (libertad) al mismo tiempo que la contención (límites claros).

Así como lo físico es importante, los aspectos intangibles son importantes. Por ello debe crearse un clima favorable, en el que, por ejemplo, parece que el tiempo no pasa y el alumno puede concentrarse a profundidad en su trabajo (a su propio ritmo).

Referencias
Standing E.M. (1998) *Maria Montessori: Her Life and Work*. Academy Guild Press, California.

6. Sociedad y cohesión

La *cohesión* es una forma de atracción molecular, "Del lat. *cohaesum*, supino de *cohaerēre*, estar unido" (DRAE, 2001). La sociedad por cohesión se da en los ambientes preparados de la educación Montessori, dentro de los talleres. Se trata de un trabajo con cordialidad, compañerismo, solidaridad y respeto, entre otros valores. En los talleres los niños grandes ayudan a los pequeños. Hay que recordar que recordar que en cada taller conviven niños de tres años y grados diferentes. Por ejemplo, si un niño grande se siente preparado, la guía puede solicitarle que haga la presentación de algún material a otro compañero de menor edad. El trabajo de este modo se da de forma espontánea, tanto individual como en equipo.

Otros valores importantes desde esta perspectiva son la inclusión y la tolerancia. Permite crear vínculos sólidos dentro del grupo. Todos los niños trabajan con un objetivo común, pero a la vez con metas individuales. Solo es posible que se dé este tipo de trabajo cuando cada estudiante trabaja con individualidad y con la libertad necesaria. El resultado será un ambiente de trabajo con armonía, paz y colaboración constante.

Referencias

Real Academia Española. *Diccionario de la lengua española. España:* Real Academia Española, 2001. Disponible en: http://www.rae.es/recursos/diccionarios/drae.

GLOSARIO SEGUNDA SEMANA

7. Erdkinder (los niños de la Tierra)

Apéndice A del libro *De la infancia a la adolescencia*. Montessori se encargó en este texto de su propia propuesta de reforma en la educación que en México conocemos como secundaria y preparatoria. Los adolescentes de 12 a 18 años necesitan un ambiente preparado muy diferente al de los talleres previos. No requieren de una escuela, por ello, propone la vida de tiempo completo en una granja, en donde a través de la microeconomía (vida práctica), los alumnos aprendan la currícula y desarrollen habilidades para la vida adulta. Visto de este modo, la educación del adolescente no es un método para aprender (adquirir conocimientos), sino para vivir. Es una práctica de la vida social. El adolescente necesita adquirir perspectiva de la vida en esta etapa de su vida (la primera parte del tercer plano de desarrollo). Parecido a la educación cósmica, en este periodo se le ofrecerán al estudiante todas las materias relativas a ciencias y humanidades: "Las escuelas como se presentan hoy no son adecuadas ni a las necesidades del adolescente ni a la época en que vivimos" (Montessori, s/d, p. 59). "La pubertad [...] desde el punto de vista psicológico constituye un periodo de transición entre la mentalidad del jovencito que vive en familia y del hombre que debe vivir en la sociedad" (Montessori, s/d, p. 60). "Montessori [...] estableció claramente los principios que deberían guiarnos en el desarrollo del adolescente" (Standing 1999: 97).

8. Gracia y cortesía

Hay que ayudar a la naturaleza. Una de estas formas es dando lecciones de *gracia y cortesía*, que se convertirán en hábitos. Se trata de los buenos modales, las formas amables de dirigirnos hacia las personas que nos rodean. Por ejemplo, pedir las cosas por favor, pasar las cosas con amabilidad, ser atentos con los otros. Esto ayuda a un suave fluir de la vida social. Existen dos etapas para estas lecciones: 1) la presentación por parte del guía y 2) la repetición por el alumno, es decir, la práctica. Dejar estas lecciones para después puede ser perjudicial para el alumno, porque en una edad más avanzada puede ser que no se adquieran de la mejor manera. Las metas para los adolescentes son "el refinamiento de la conciencia y el desarrollo del sentido del deber y de los valores morales" (Standing 2009: 96).

9. Manos/cabeza

Es importante que el adolescente continúe desarrollando sus habilidades manuales, mediante el trabajo metodológico en la granja, pero también que use su mente para lograr un desarrollo más óptimo. Si el ser humano solo desarrolla mente o solo desarrolla el cuerpo, una de las dos partes quedará atrofiada, o por lo menos no se desarrollará del mismo modo. Lo que se pretende es llegar al máximo de las capacidades, tanto físicas como mentales, porque el cuerpo sin la mente no trabaja bien, y la mente sin el cuerpo no puede trabajar. El ser humano es una unidad y sus capacidades de concreción y abstracción deben trabajar a la par con el fin de resolver los conflictos de la vida cotidiana y para lograr asimismo un crecimiento espiritual equilibrado. "Seguimos insistiendo en las actividades manuales (con la tierra, los gases, etc.)" (Montessori, s/d, p. 60). "Los intelectuales permanecerán enfermos hasta que sus manos permanezcan incapaces. Su espíritu se volverá estéril si no toma conciencia de la grandeza de la realidad práctica que los rodea" (Montessori, s/d, p. 62). "Hombres que tienen brazos pero no tienen cabeza y hombres que tienen cabeza pero no tienen brazos están igualmente fuera de cualquier lugar en la comunidad moderna" (Montessori, s/d, p. 62).

10. Desarrollo moral

El adolescente es un recién nacido social. En esta etapa, además de su físico y su intelecto, hay un desarrollo del equilibrio espiritual (entrenamiento moral). Aparece o se refuerza un desarrollo de la abstracción del amor hacia el conocimiento de la humanidad, es decir, una conciencia social. Constantemente, los alumnos encontrarán desafíos morales que deberán resolver por sí mismos (o a través de los juegos de roles). Uno de los aspectos morales más destacables es la lealtad entre pares. Por ello, necesitan cerca de ellos a adultos mentores, equilibrados y congruentes, que les ayuden a encontrar un balance. "Durante este periodo sensible se deberían desarrollar los sentimientos de justicia y de dignidad personal, o sea las características más notables que deben preparar al hombre para convertirse en ser social" (Montessori, s/d, p. 64). "En el alma del muchacho se guardan grandes valores. Todas nuestras esperanzas de progreso para el porvenir son puestas en el espíritu de estos muchachos y de estas jovencitas. Además, serán los jueces del presente" (Montessori, s/d, p. 73). "Un deseo de distinguir el bien del mal por sus propias fuerzas, y para resentir la limitación de la autoridad arbitraria. En el campo de la moral, el niño ahora se encuentra en la necesidad de su propia luz interior" (Montessori, 1998).

11. Ocupación

La estancia en la granja implica una actividad constante y divertida. Este ambiente permite tener diferentes *ocupaciones*: individuales, en equipo, académicas, recreativas, culturales, artísticas, técnicas, espirituales. Se enfatiza en las que permitan representar los roles de los adultos que serán tiempo después. Se desarrollan como *proyectos de ocupación*, que incluyen aspectos históricos y científicos, con base en la lección de tres periodos y tomando en cuenta las inquietudes de cada alumno. En ocasiones, deberán adquirir las competencias necesarias para lograr las tareas. El trabajo debe ser útil para la comunidad. "Una ocupación aporta experiencias directas, íntimas, participativas. Una experiencia significativa no puede ser removida, desecha y va más allá de la comprensión del adolescente" (John Dewey, *Democracia y educación*). "Una ocupación está limitada por la naturaleza. El contexto de la educación tiene límites, siempre se estudia en relación con el ambiente circundante y las ocupaciones específicas" (David Kahn). "El trabajo en la granja es una introducción al conocimiento de la naturaleza y la civilización, dentro de los límites de la ciencia y la cultura" (Montessori, s/d).

12. Personalidad/carácter

"El concepto de la personalidad en Montessori es giratorio, porque su concepto es consecuencia de su metodología" (Gross, s/d, p. 35). Y es complejo. Es la totalidad de las potencialidades físicas y mentales de uno, es decir, la suma de las capacidades mentales y físicas. Sus componentes son las relaciones sociales, los aspectos biológicos y lo moral. Mientras tanto, el *carácter* es la expresión positiva de la inteligencia moral del individuo, es decir, su praxis. "La expresión de la interacción entre las potencialidades físicas y mentales es el comportamiento o el movimiento. Por lo tanto, como las capacidades intelectuales y morales del niño influyen en su voluntad, que a su vez guía a sus potencialidades físicas, el resultado es o bien el comportamiento inteligente moral (carácter) o el comportamiento inmoral irrazonable (desviados). El sano desarrollo de personalidades se obtiene un hombre de carácter o comportamiento virtuoso, mientras que el desarrollo saludable de la personalidad se traduce en un comportamiento desviado" (Gross, s/d, 36).

13. Desarrollo social

El desarrollo del individuo en sociedad se da cuando se tiene conciencia de que es un ser que vive en comunidad y se aceptan las responsabilidades y derechos de serlo. Es un paso evolutivo importante en la vida de los adolescentes. Es un impulso que los lleva a descubrir el mundo de las relaciones sociales en la práctica. Nace una actitud gregaria, la necesidad de pertenecer a un grupo, en general para lograr un mejor trabajo y más profundo. Aparece la figura del líder, quien dirija, que cuente con el carisma y el reconocimiento social para ello. En ocasiones, el adolescente fungirá como líder y debe aprender a ser uno bueno. Para cualquier actividad en grupo es importante desarrollar mejores habilidades de comunicación y colaborar en serio. El individualismo va quedando atrás. La *tribu* puede llegar a ser más importante que el individuo, la lealtad y a confidencia son fundamentales. Entre otras cosas, los adolescentes refuerzan así la fe en la humanidad y en sí mismo. "La educación del niño es importante porque con el tiempo llegará a ser un hombre, un miembro de la sociedad" (Montessori, s/d). "En toda buena clase Montessori vemos una vida social real que se desarrolla con bastante naturalidad y espontaneidad, a cada momento y día con día" (Standing 1999, p. 95). "[A la Comunidad de Adolescentes] podríamos llamarla 'escuela de la experiencia en los elementos de la vida social'" (Montessori, s/d).

14. La lección de tres periodos

En la Comunidad de Adolescentes todos los proyectos se elaborarán con la estructura de la *lección de tres periodos* (presentación-comprobación-exposición), pero adaptado al nuevo contexto. En el primer periodo, el alumno recibirá una lección por parte del guía (las claves), como gancho para el tema. El guía contará una de las grandes historias en cada caso, podrá caminar con el grupo mientras esto sucede. En el segundo periodo los alumnos trabajan en la investigación del tema con diferentes métodos (entrevistas con expertos, documentales, bibliografía, experimentación...) de forma individual y colectiva. Tercer periodo: los alumnos exponen (en la forma en que elijan) los resultados de su investigación al resto de la comunidad. Por ejemplo, pueden exponerse el tema de la cría de cabras (mamíferos, rumiantes, ganado, domesticación...) por medio de una visita al corral. En segundo lugar, se vuelve al ambiente preparado cerrado (salón) y se investiga a profundidad (esto puede implicar trabajo fuera de la granja). Para terminar, se expone a través de un video el proceso de crianza y los productos de una granja de cabras. En todo momento el guía acompañará al alumno en su proceso. "No es posible fijar a futuro un programa particular de trabajo y de estudio. Podremos indicar solamente un proyecto general: el programa deberá concretarse espontánea y naturalmente, basándose en la experiencia" (Montessori, s/d, p. 72). "Es necesario dar bastante autonomía a los jóvenes para que puedan comportarse siguiendo su iniciativa individual. Hay que proveerles los medios y la libertad necesarios para que puedan crear. No obstante, a fin de que la acción individual sea libre y fecunda, debe ser realizada dentro de ciertos límites y sometida a ciertas reglas que constituyen una orientación necesaria" (Montessori, s/d, p. 73).

15. Valorización

Los adolescentes pasan por una etapa en la que es especialmente importante la *valorización*. Se define a esta como la capacidad de generar intimidad sin sentirse vulnerable. Es el fortalecimiento de la autoestima. Esta relación se da forzosamente en relación con la alteridad, que funciona así como un espejo social. Esto permite al adolescente generar lazos fuertes y duraderos. La valorización es importante porque a través de ella el adolescente recibe una especia de *evaluación externa* del mundo que lo rodea. De este modo alcanza una autoafirmación física (cuerpo, aspecto), intelectual (y cultural), emocional, moral y social. "La confianza en sí mismos [es el] conocimiento de las propias capacidades y de las múltiples posibilidades de adaptarse y hacerlas valer" (Montessori, s/d, p. 65).

16. Trabajo

Montessori propone que el trabajo es la base de la vida social. La evolución de la humanidad puede ser explicada a través del trabajo. "El primer trabajo del hombre es para explicar la Tierra" (Montessori, 1981, p. 3). Es decir, hay una conexión indisoluble entre el trabajo y la relación del hombre con su entorno. La forma en que el hombre conoce el mundo es por medio del trabajo. Y este trabajo es a través de sus manos y sus habilidades, pero sobre todo se da gracias a las relaciones sociales que crea, desarrolla y fortalece. La división del trabajo es importante, porque genera conexiones especiales entre la gente dedicada a un gremio en particular. De esta manera se atraen personas cercanas y lejanas hacia un mismo fin. Por ello, es importante que el adolescente aprenda a trabajar en la granja. Aprenderá a través de la práctica y sabrá resolver problemas dentro del ambiente controlado de la microeconomía de la granja y esto será la base de su desarrollo social y productivo en la vida adulta. "La esencia de la vida social es el trabajo. El trabajo y el intercambio pueden reunir a gente lejana —generar contacto— que nunca podrían ponerse en contacto" (Montessori, 1891, p. 4). "Los hombres no viven como los animales en total dependencia de la naturaleza. Es importante que comprendamos que el hombre vive por y a través del trabajo y otras personas" (Montessori, 1891, p. 4). "El adolescente no debe trabajar en el mundo del adulto, ni ganará como el adulto. La sociedad necesita crear las condiciones para que el adolescente pueda tener un trabajo y ganar dinero [...] Les permitimos vestirse y cepillarse el pelo y limpiar la mesa y nos damos cuenta de que el niño nos dice: 'Déjame hacerlo por mí mismo'" (Montessori, 1981: 7).

Referencias
"Dr. Montessori's Third Lecture". *The Erdkinder Reserch And Devepment Report.* 1981.
Montessori, Maria. *De la infancia a la adolescencia.* México: s/d.
Montessori, Maria. *La mente absorbente del niño.* México: Diana, 1986.
Montessori, Maria. *Educar el potencial humano.* Argentina: Errepar, 1998.
Real Academia Española. *Diccionario de la lengua española.* España: Real Academia Española, 2001. Disponible en: http://www.rae.es/recursos/diccionarios/drae.
Standing, E.M. *La revolución Montessori en la educación.* México: Siglo XXI, 2009.
John Dewey, *Democracia y educación.*

GLOSARIO TERCERA SEMANA

17. Disciplina

Seguido de la *normalización*, este concepto es importante en la adolescencia. Más que disciplina exterior, el adolescente debe adquirir la *autodisciplina*. La disciplina le permite seguir procesos en su formación, establecer horarios, obedecer reglas, atender horarios y autoorganizarse para todas las actividades que desee y deba hacer. La disciplina permite atender las responsabilidades en tiempo y forma y tener tiempo para nosotros mismos. Es decir, nos permite administrar nuestro trabajo y nuestro descanso, nuestra vida social y nuestra intimidad. "El ambiente debe facilitar el 'libre albedrío', pero es necesario evitar que el joven desperdicie tiempo y energía siguiendo preferencias vagas e inciertas" (Montessori, s/d, p. 74). "La disciplina es un aspecto de libertad individual, y un factor esencial para el éxito en la vida" (Montessori, s/d, p. 74). "Es necesario instaurar una disciplina severa tanto para el personal docente como para los alumnos para asegurar orden en la vida interna y unidad a los objetivos: los adolescentes se adaptarán necesariamente a un ambiente ordenado (Montessori, s/d, p. 82).

18. Libertad/responsabilidad

La principal responsabilidad que implica la *libertad* es hacerse cargo de uno mismo. La autosuficiencia. La libertad real solo se da en un contexto de límites morales bien definidos. Como decía Rousseau,[5] solo se puede ser libre dentro de los límites del contrato social. Pero también la libertad es fundamental para la fundación de una vida social propia. Pero no solo se es responsable de uno, también es importante ser consciente de la responsabilidad social, a través de un comportamiento ético y una vida productiva. Por otra parte, si la educación no se basa en la libertad, se convierte, como pensaba Iván Illich (1973), en otra forma de esclavitud moderna. "Un niño encerrado en sus límites, aún si son amplios, permanece incapaz de valorizarse y no podrá adaptarse al mundo externo" (Montessori, s/d, p. 13). "A fin de que la acción individual sea libe y fecunda, debe ser realizada dentro de ciertos límites y sometida a ciertas reglas que constituyen una orientación necesaria" (Montessori, s/d, p. 73). "La libertad individual es la base de todo lo demás. Sin ella, la personalidad jamás se desarrolla por completo. La libertad es la puerta de entrada al proceso entero, y el individuo da su primer paso cuando logra actuar sin que lo ayuden y toma conciencia de sí mismo en tanto ser autónomo" (Montessori 1998b, p. 161).

[5] Jean-Jacques Rousseau, *El contrato social.*

19. Imaginación

La *imaginación* es una herramienta para adquirir el mundo que nos rodea. Es comparable en este sentido al lenguaje. Parafraseando a Wittgenstein,[6] podríamos decir que el "límite de tu imaginación es el límite de tu mundo". Pero toda imagen y toda imaginación parten del mundo real, porque "Ninguna descripción, ninguna imagen de ningún libro puede sustituir la visión real de los árboles de un bosque y de toda la vida que se desarrolla en su entorno" (Montessori, s/d, p. 18). Un niño que se enfoca en la fantasía sin sustento en la realidad quizás extravíe el camino de su intelecto. Debe tener todas las experiencias contingentes posibles para saber de dónde parte la imaginación y hacia dónde va. "La imaginación no es suficiente para el espíritu" (Montessori, s/d, p. 21), hace falta el equilibrio con la realidad. "Hoy en día la mente se considera como un todo, no como facultades mentales distintos, y vitalmente conectada con toda la personalidad; la psicología moderna por lo tanto constituye un complemento a nuestro método de educación" (Montessori, 2007, p. 12). "La imaginación es verdaderamente grande solo cuando el hombre, gracias al valor y a la voluntad, la utiliza para crear" (Montessori, s/d, p. 20).

---

[6] Ludwig Wittgenstein, filósofo austriaco, autor del célebre aforismo "El límite de tu lenguaje es el límite de tu mundo".

20. Independencia

Primero el adolescente alcanza independencia física, luego independencia social y por último independencia económica. Mientras mejor sepa tener una independencia económica, mejor sabrá adaptarse el adolescente a la vida adulta y a la sociedad que espera de él que sea productivo y participativo. Así, al salir de casa podrá moverse libre por el mundo y establecer relaciones sociales (con base en el trabajo principalmente), que le permitirán ser un individuo autosuficiente, preparado para interactuar con la interdependencia social de forma asertiva. "El sentimiento de independencia [...] debe surgir de la capacidad de bastarse a sí mismo y no de una vaga libertad debida a la ayuda benévola y gratuita de los adultos" (Montessori, s/d, p. 65). "El rol de guía consiste en interesar profundamente al niño en una actividad exterior a la que le pueda dedicar todas sus posibilidades. Se trata de ayudarlo a conquistar su libertad y su independencia interesándolo en una realidad que será descubierta enseguida por su actividad. La actividad es el medio por el cual el niño logra liberarse del adulto" (Montessori, s/d, p. 12).

21. Máximo esfuerzo

Esforzarse en algo permite alcanzar la mayor concentración posible para el logro de un objetivo. Esforzarse es ser ejemplo para la comunidad. Solo el esfuerzo le permitirá al individuo estar preparado para afrontar sus responsabilidades. Por ejemplo, como explica Montessori en el capítulo 11 de *Educación y paz*, a los niños ricos que todo se les hace se les permite crecer y se comportan como niños abandonados e inútiles (Montessori, 1998b, pp. 128-129). "El trabajo persistente, la claridad de las ideas, el hábito de tamizar motivos contradictorios en la conciencia, incluso en las acciones más insignificantes de la vida, las decisiones tomadas a cada minuto en las cosas más pequeñas, el dominio gradual en las acciones propias, el poder de la autodirección aumentando gradualmente en la suma de actos repetidos sucesivamente, es la manera en que se construye la personalidad de forma estructurada" (Montessori, 1991). "El hombre trabaja con un verdadero espíritu de sacrificio, y con su trabaja transforma el medio y construye un nuevo mundo que se hace sentir en toda la naturaleza" (Montessori, 1998b, p. 154).

22. Grupo mixto en edades

Es importante que en esta etapa los estudiantes convivan con pares de diferentes edades. Entre los 12 y 15 o entre los 15 y 18 años, como en secundaria y preparatoria. Incluso entre adolescentes de 12 a 18 años, en el caso de que convivan en la misma escuela. Es un ambiente controlado porque pueden convivir con personas de diferentes edades, pero en el mismo plano de desarrollo (tercero). Un adolescente grande se encuentra en la etapa en que va cristalizando sus conocimientos y habilidades sociales, por lo que pueden ser un ejemplo para los más jóvenes. Este grupo cercano de edades también permite que se desarrollen aspectos como las confidencias, los lideratos y el intercambio de ideas. Incluso, podríamos decir que este es el contexto natural en el que crecen los niños, cuando por ejemplo hay varios niños en casa, aquellos que son de edades más cercanas tienden a jugar juntos, separados de niños de otras edades. "La convivencia social conduce finamente a los niños a sentir y actuar en grupo" (Montessori, 1986). "Es interesante ver cómo se dan cuenta lentamente de que forman una comunidad que se comporta como tal. Se dan cuenta de pertenecer a un grupo y que contribuyen a la actividad del grupo" (Montessori, 1986).

23. Naturaleza/supranaturaleza

La naturaleza es todo aquello que ha creado la evolución. Los reinos animal, mineral, vegetal, fungi... Es lo que podemos ver en donde no ha tenido injerencia el ser humano, es el mundo salvaje y armónico del planeta Tierra. La *supranaturaleza* es todo aquello en donde se ve la mano del hombre, podemos decir que es toda manifestación o producto o transformación de la civilización humana. Por ejemplo, la economía es parte de la supranaturaleza. También puede entenderse así: llevado por la necesidad de adaptarse a su entorno natural, el ser humano terminó adaptando dicho contexto a sus necesidades y esta transformación del medio se convirtió en su propósito de vida, porque a través de la transformación de su medio el ser humano también "ha mejorado la inteligencia humana" (Montessori, 1998b, p. 156). "La meta fundamental de la existencia humana no es ni la supervivencia del individuo ni de la especie [...] es la creación del medio" (Montessori, 1998b, p. 152). "El dinero [es] 'la llave de oro' que abre las puertas de la supranaturaleza" (Montessori, s/d, p. 5). "El hombre es amo de la Tierra. Transforma el medio y lo somete a su dominio. Desde el principio de los tiempos consolidó su victoria, mediante la creación de la civilización y la cultura" (Montessori, 1998b, p. 155).

24. Preparación para el adulto

Es importante que el ser humano ascienda los estadios de su evolución lo más cristalizado posible. Para ello, es mejor que vaya preparado, con la suficiente destreza y conocimientos antes de ascender en edad y responsabilidades. La mejor forma de prepararse para la edad adulta es en un ambiente preparado que recree a escala las actividades de la madurez. Es decir, un espacio en donde la convivencia social y el trabajo sean los ejes integradores del aprendizaje y la preparación para llegar lo mejor preparado a la vida independiente. Mientras más conozca el adolescente de qué se trata y qué implica el mundo del adulto, menos temerá ser uno de ellos. Uno de los aspectos más importantes en esta etapa formativa es el trabajo. "La escuela [...] les debe ofrecer la oportunidad de una experiencia social, porque su vida está organizada en una escala más amplia y con mayores posibilidades de independencia que en la familia" (Montessori, s/d, p. 69).

Referencias

Montessori, Maria. *The Advance Montessori Method — I*. EUA: Clio Press, 1991.

Montessori, Maria. *To educate the human potential*. EUA: AMI, 2007.

Montessori, Maria. *La mente absorbente del niño*. México: Diana, 1986.

Montessori, Maria. *Educar el potencial humano*. Argentina: Errepar, 1998a.

Montessori, Maria. *Educación y paz*. Argentina: Errepar, 1998b.

Iván Illich. *La sociedad desescolarizada*. España: Seix Barral, 1973.

FOTO 13. El museo de la maquinaria y la transformación en Hershey Montessori School. Ahí se desarrollan clases y proyectos de lo más diverso, desde hacer muebles o artesanías con madera y otros materiales, hasta hacer maquetas, modelos a escala o prototipos. El encargado es hábil en todas las herramientas a disposición de los estudiantes.

FOTO 14. La Hershey Montessori School es una granja en medio de la naturaleza, ideal para el estudio y la enseñanza. Esa tarde salió un gran arcoíris. Todas las instalaciones están en armonía con el contexto y pueden verse como un lujo, pero Montessori deseaba estas condiciones para que todos los adolescentes pudieran levantar el vuelo.

DIARIO

Alumno: Daniel Zetina
AMI - NAMTA Orientation to Adolescents Studies
Hershey Montessori School
Huntsburg, Ohio, Estados Unidos de América
Junio-julio de 2014

Viernes 27 de junio Despedida de mi familia. Comida y convivencia con mi hija. Oración para tener un buen viaje, buenos deseos para todos.

Sábado 28 de junio Viajamos desde el aeropuerto de Querétaro a Huston sin contratiempos. Aduana. Vuelo a Cleveland. Arribo a Hiram School (HIS). El clima húmedo y cálido es agradable. Recepción e instalación en las residencias. Conocer compañeros del curso. Primer choque con el idioma inglés desde mi poco conocimiento del mismo.

Domingo 29 de junio Viaje a Hershey School (HES). Me ha sorprendieron las instalaciones como a la mayoría, es un lugar sorprendente, propicio para cualquier tipo de aprendizaje y desarrollo humano. Entrevista (15:00) con Juan Córdova y Laurue Ewer-Crocker. Primer enfrentamiento importante con el idioma inglés de forma hablada. Parte en español. La conversación fluyó, fue breve: antecedentes y expectativas. Programa general y lecturas. Primera reunión en el salón general. Bienvenida y re-

121

comendaciones generales. Primera lección. Buen ambiente en el grupo. Regreso a los dormitorios. Breve convivencia. Lectura. Plática con la familia por internet.

Lunes 30 de junio Desayuno en HIS, un poco pesado de grasas y harinas. Llegada a HES. Primera sesión de lecciones. Todas fueron claras e interesantes. El contenido de las mismas es contundente. Para muchos será su primera vez como maestros en un sistema Montessori (SM), o que llevan pocos años trabajando en ello, o que a pesar de tener años de experiencia no han tomado capacitación específica del sistema ni menos del trabajo especialmente diseñado para Comunidad de Adolescentes (CA). Esto genera bastante debate al respecto de la filosofía, las bases teóricas, la metodología y lo que estudiaremos en estas semanas. La convivencia es algo importante, se intercambian experiencias, conocimientos, perspectivas, anécdotas y dudas. En las lecciones todo parece fluir de lo mejor, debido a la buena organización de los directivos. Los guías encargados de ofrecer la capacitación están bien entrenados y tienen buena experiencia. La sesión del seminario con Laurie me puso nervioso, pero pude entender la generalidad del tema y participar, al parecer de forma asertiva. Vuelta a la residencia, trabajo de planeación, redacción y lecturas. En la noche salí a correr para relajarme. Comunicación con familia.

Martes 1 de julio La jornada empieza de forma más cotidiana. Llegamos temprano. Sesiones interesantes acerca del primer plano de desarrollo. La guía Sandra es empática y profesional. La comida permite retroalimentación y diálogo. La sesión de hoy de acercamiento a los materiales me dio una visión general pero amplia sobre la forma en que se trabaja con ellos. El seminario fue un poco confuso, creo que hubo un poco de digresión, propia de este tipo de métodos de intercambio, que recuerdan la mayéutica griega. Hay grandes retos, pero me agrada el soporte que tenemos los participantes, con internet, instalaciones, programa claro y puntualidad, entre otras cosas. Personalmente necesitaré un par de días más para lograr la mejor concentración posible, pero me siento bien. En relación con el idioma, comprendo mucho más de lo que pensaba. En el idioma que sea, la materia del curso es harto compleja e interminable. En la tarde, lectura y más lectura.

Miércoles 2 de julio Jornada del segundo plano de desarrollo. Lecciones interesantes, que pude comprender mejor y tomar notas más asertivas. Los conceptos que se repiten se van fijando en mi bagaje sobre la metodología Montessori. De entrada, las características psicológicas y luego el ambiente preparado. Luego vimos el tema de la educación cósmica, lo que ligado a las lecturas previas, lo he comprendido un poco mejor y me resulta empática dicha perspectiva. En la presentación de materiales quedé sorprendido, por el tipo de materiales, por lo fácil que parece, por lo bien que lo explicaron, por lo claro que resulta trabajar con este método y los materiales especiales. En la tarde leí con atención los capítulos de *Educar el potencial humano*, de Montessori. Me parece algo tautológico, pero eso me ayuda, además de que me permite ver lo consolidado del método y lo estable de la ideología.

Jueves 3 de julio Por la mañana la lección sobre normalización, normalidad y fluidez. Interesante saber cómo algunos términos que no propuso Montessori se usan en el sistema con asertividad. Esto nos dice que ninguna teoría-filosofía-pedagogía está terminada ni puede ser vista como algo cerrado. La práctica sobre la observación fue interesante, permitió detener el ritmo del trabajo y continuar con un trabajo más reflexivo. Visita a la primaria Hershey. Cambiar de ambiente permite concentrarse de otra manera en el entrenamiento. Este campus es igual de sorprendente que la granja. Me sigue pareciendo increíble que las propiedades no tengan divisiones con bardas en esta ciudad. En especial cuando se trata de una escuela. La dinámica de visitar los ambientes preparados en silencio fue óptima. A mí me permitió eliminar la barrera del idioma y ser uno más. Por medio de gestos y señalamientos breves nos comunicamos lo necesario. Los ambientes preparados que pudimos observar son un modelo, son ideales, casi utópicos en otros contextos, por la cantidad y la calidad de los materiales y el buen gusto en la arquitectura del lugar, la decoración y el resto del mobiliario y los utensilios que contienen. La redacción del diario a mano (ahora transcrito) en el exterior fue relajante. *Reflexión.* Los ambientes visitados y nuestra dinámica fomentan la diversidad cultural, en un ambiente amable y cálido. Es un excelente ejemplo de cómo puede ser una escuela con las mejores condiciones y nos permite proyectar hacia nuestras propias comunidades y contextos, para poner todo nuestro esfuerzo en lograr una escuela y una educación de calidad, lo más apegados a las enseñanzas de Maria Montessori.

Viernes 4 de julio Día de asueto. Me levanté a las 10 am. Necesitaba descansar. Fueron muchos los conceptos, las palabras escuchadas, las traducciones simultáneas y los comentarios escuchados en cinco días. Necesitaba estar solo. Salí desayunar al *dinning room* y coincidí con un maestro, platicamos poco. Luego regresé al cuarto a leer, a enviar correos, pero sobre todo a organizar mi trabajo para los siguientes días. Estos fines de semana en que descansaremos de las clases y las actividades de la granja serán buenos para asentar ideas, reflexionar y relajarme. Hice un mapa mental de los libros que he leído y que leeré y de los temas que incluyen, para darme una idea en dónde debo buscar en caso de que lo necesite.

Sábado 5 de julio Leer y escribir el glosario y el ensayo. Leer algunos apartados, planear la semana.

Domingo 6 de julio Terminé mi parte del trabajo. Realicé otras actividades personales y salí a comer a medio día. Comencé *De la infancia hacia la adolescencia*. Por la tarde, después de reposar los alimentos, fuimos a caminar por el bosque, una hora de pasear por los alrededores del campus, entre los centenarios árboles. Encontramos arañas, una rana, un riachuelo y mucha vegetación. Luego volvimos a salir. En auto fuimos a Garreville, donde paseamos por el puente y algunas calles. Pude disfrutar del color local y del tradicional modo de vida de los habitantes. La mayoría de los negocios que nos interesaban estaban cerrados por ser domingo, pero encontramos un local donde tomamos una cerveza. Continuamos el paseo y volvimos. Leí de nuevos los apartados A, B y C del libro mencionado y empaqué las cosas para la mudanza a la granja.

Lunes 7 de julio Desayuno temprano. Viaje a la granja, cargado de cosas. Llegada a Hershey School. Directo a clases, iniciando con el seminario, que cada día se pone más interesante, tanto porque ya comprendo más lo que dicen mis compañeros, como porque se genera cada vez mejor ambiente. Espero que mis participaciones puedan ser claras, a pesar de mis limitaciones con el idioma. Las lecciones fueron más claras para mí, interesantes, sobre el tercer plano de desarrollo. Mis notas fueron más abundantes y mejor estructuradas. Reunión con tutores para aclarar dudas y recibir los comentarios. Estar en la granja implica pros y contras. Una cosa a favor es que tendremos más tiempo y menos distracciones y podremos concentrarnos mucho más en nuestro estudio, incluyendo la observación participante que implica vivir en la escuela. Una de las desventajas es compartir habitación. Por la noche realicé mi tradicional ritual de ejercicio y aseo, antes de dormir, fui a la cama temprano y aún no había nadie más. Los compañeros llegaron tarde, haciendo ruidos. De madrugada hubo ronquidos. Una buena oportunidad para estudiar la Comunidad de Adolescentes *desde adentro* y conocer las ventajas y puntos antipáticos del asunto. Tuve oportunidad de hablar con mi hija.

Martes 8 de julio Despertar después de dormir mal es difícil. Mi labor matutina fue dar de comer a los animales de la granja junto con otras dos profesoras estudiantes. Alimentamos vacas, caballos, cabras y gallinas. Luego tuvimos una lección acerca de estudios científicos e históricos, abundante en contenido y en detalles. Plantea justo el trabajo a realizar en la CA. En ocupaciones fui a jardinería orgánica, donde vivimos el método de los tres periodos. En el primero, la guía Judy platicó con nosotros, tocó puntos generales, comentó las dudas, hubo anécdotas. Luego realizamos una investigación a la par de una acción concreta sobre un tema en específico. Yo estuve en un equipo con David y Tes trabajando la composta. Ejemplificamos con dos frascos, uno de residuos del lunch y otro con material orgánico del bosque, además de una investigación breve y un poema a la composta. Luego vino la exposición por grupos y a la vez indi-

FOTO 15. Pintando el edificio de la Granja Oni, en Apapátaro, Querétaro, donde se abrió la Comunidad de Adolescentes Hala Ken en 2015. Se trató de un edificio construido de forma ecológica, pero con las comodidades necesarias para el trabajo con adolescentes.

vidual. Al terminar comimos los que nos quedamos en la granja, unos 30. Un buen día, de los mejores, por sentirme mejor con mi comprensión del idioma, más integrado, conocí de cerca a otros profesores, cuatro o cinco más, algunos que también comprenden alguna palabra en español. Escuché al maestro David hablar acerca de por qué no hay conejos en la granja (las desventajas que tuvo antes). Ahora estoy terminando mi diario y aún son las 17:30, seguiré revisando mis notas, enviando correos y planeando la actividad del día de mañana. Antes de dormir estudiaré inglés y haré ejercicio.

Miércoles 9 de julio Dos lecciones por la mañana sobre valorización y autoexpresión. Este último punto me contactó con muchos aspectos de mi labor docente en más de una década, sobre todo en lo relativo a la expresión artística. Sesiones de trabajo con la actividad física (senderismo y arquería en mi caso), buenas, sobre todo después de haber visto la teoría previamente. También la actividad artística (mural y papel reciclado). Por mi parte, la convivencia de hoy me llevó a compartir las comidas con personas diferentes, entre ellos Raquel, encargada en la granja y con quien he tenido breves pero interesantes pláticas. Me complace la colaboración, paciencia y actitud accesible de todos mis compañeros. Luego de la cena, mi trabajo ha sido productivo y en tiempo. He revisado todas mis notas anteriores y he corregido algunas cosas, redacté el comentario de las sesiones de hoy, planeé y comencé mi glosario de la semana, engargolé mi impresión de *De la infancia a la adolescencia,* estudié verbos en inglés, escribí en la libreta de mi hija, me preparé para el día de mañana y resolví algunos pendientes. Continúo con mis lecturas. Hoy, a las 8 pm alguien entró al estudio y nos comentó que había un arcoíris, como pequeños fuimos a contemplarlo y a tomarle fotos. A mí este arcoíris me recordó a mi hija, con quien solo pude platicar hoy tres minutos, porque ella es un gran arcoíris de luz, de color, de alegría y de amor, que llena mi corazón y mis días de dicha y orgullo y dignidad.

Jueves 10 de julio He dormido mejor que otros días. Me levanto con ganas de continuar. En primer lugar, presentación de Laurie acerca de los proyectos de humanidades. Esto nos preparó para la siguiente fase. Yo trabajé con el maestro Roob y todo un equipo el tema de Mesopotamia y las primeras sociedades agrícolas. Robb hizo una breve presentación por medio de archivos powerpoint sobre el tema principal, los antecedentes, el enfoque y cómo trabajarlos. Luego fuimos al bosque, donde uno por uno fuimos llegando a un punto de reunión, donde se dividió el grupo en dos equipos. Un equipo se quedó como sedentario en una cabaña, el otro grupo fuimos a internarnos en el bosque e hicimos base cerca de una vivienda temporal. El objetivo era proyectar en equipo el resguardo, el abastecimiento de alimentos y el fuego. Elegimos una líder y nos dividimos el trabajo de nuevo, yo participé en la cacería de animales, pusimos diferentes tipos de trampas para atrapar presas e hicimos un refugio para pasar la noche (éramos tres). Luego volvimos a la base para reportar el trabajo a la líder. Después llegamos con el otro equipo y compartimos experiencias. Este trabajo no me pareció asertivo como equipo, ya que se habló demasiado y se hizo poco. Quizás los maestros piensan y planean mucho más o nos gana el liderato propio, pero no vi que se trabajara en verdadero equipo ni con calma ni con concentración. Hubo en mi equipo bastante relajo, bromas y dispersión. Terminamos después de lo

FOTO 16. Llevando a los estudiantes a comprar libros, en una librería de viejo en el centro de Querétaro. La idea era que adquirieran libros para documentar los proyectos que deseaban desarrollar. Para ello, tenían ya sus proyectos, una lista de bibliografía tentativa y un presupuesto específico que debían administrar entre todos.

planeado y esto nos restó perspectiva en el análisis del trabajo. Luego comimos. Después fuimos al salón a desarrollar trabajo individual. En esto sí todos activos y concentrados. Fue breve, pero puntual. Nos organizamos para decidir la presentación. Se decidió hacer una relatoría y comentarios particulares de cada tema. Aunque nuestra presentación no fue la mejor, me agradó, cada uno siguió su guion o lo que sabía de memoria y pudimos despertar algunos comentarios de sorpresa en los espectadores, aunque algunos profesores sobrepasaron su tiempo de 20 segundos, leyendo lo que habían investigado. Las otras presentaciones me gustaron, en especial la que tuvo que ver con la historia de la adquisición del territorio por parte de los migrantes anglosajones en el norte de América. La inclusión de diferentes culturas fue algo sensible, como cuando todos pasamos al escenario como representantes de los indígenas de la región, casi erradicados por la avaricia de los colonizadores. Un día interesante, en general creo que se sintió hasta ahora un ambiente profesional y entusiasta. Por la noche, el *Festival de los talentos*. Momento de compartir más de lo que somos, además de maestros, y convivir en una actividad artística. Un grupo de maestros cantamos el *Cielito lindo*, típica canción mexicana, especialmente simbólica allende las fronteras de nuestro país. Luego el turno de muchos más compañeros, todos talentosos y gentiles. Me conmovieron como a la mayoría los poemas leídos por dos compañeros (de su propia autoría), me divertí con los malabares, aprecié el baile. Luego algunas maestras me mostraron el baile tradicional de la música que yo conozco como *country*, pero que ahora sé que tienes otros nombres, clasificaciones y expositores. Nunca pensé tener un acercamiento así a la cultura musical estadounidense de provincia. Platiqué con algunos compañeros. Buena integración, en un ambiente de cortesía, respeto y calidez. **Viernes 11 de julio** Trabajo en el aula. Exposiciones acerca de la vida práctica, las dinámicas cotidianas en la granja-escuela-comunidad. Interesantes puntos de vista, todos desde la perspectiva de muchos años de experiencia de Laurie, Jim y David. Luego fuimos a la sesión de trabajo, en mi caso las abejas. Elegí las abejas porque nunca me he acercado a una colmena y me interesaba saber de su trabajo con ellas y la posibilidad de hacerlo con mis alumnos. Me parece que las abejas nos enseñan valores como el trabajo en equipo y la paciencia. Los productos que aprovechamos de ellas son la miel y la cera. Para la producción de un kilo de cera o un litro de miel se requiere el esfuerzo constante de miles de abejas durante largo tiempo. Esto permite valorar el producto que uno consume, disfrutarlo y compartirlo, pero también investigarlo y promoverlo. En la comida pude reflexionar acerca del rol del guía encargado, en este caso David, y la responsabilidad de acompañar las dinámicas de los estudiantes a lo largo del día. Más tarde salí a correr a la calle. Anduve un par de kilómetros. Disfruté del atardecer y volví a hacer más ejercicio y lavar ropa.

Sábado 12 de julio Hoy me ocurrió que bajé tarde a comer. Por alguna razón, me confundí con el horario del desayuno los fines de semana. Casi me lo pierdo. Llegué a las 9:45 cuando ya casi todos habían terminado. Esto fue extraño, algunos profesores se mostraron sorprendidos con mi retraso. En una mesa me invitaron a sentarme y me dijeron que me apurara para que alcanzara comida. Apenas sucedió, solo tomé fruta, pan y café. Me sentí extraño, porque evidentemente no estaba siguiendo el horario ni respetando al grupo, pero esto sí fue un error que tuvo dos partes: 1) cuando me confundí con las instrucciones que dijo Rachel días antes y 2) cuando no confirmé el horario. Me deja un aprendizaje: cuando vivo en comunidad es mejor dejar las cosas claras antes de perder la oportunidad de participar en las actividades colectivas. En adelante estaré atento al horario de comida. Luego fui a trabajar en los pendientes, en especial en el glosario de esta semana. Por la tarde, después de comer, me dediqué a leer el material para la próxima semana

Domingo 13 de julio Trabajo en residencia. Lectura, investigación y redacción de los temas del glosario y el ensayo.

Lunes 14 de julio El trabajo de este día estuvo enfocado en el plan de estudios y trabajo. Vimos además testimonios de diferentes escuelas Montessori que han puesto en marcha programas de segundaria y preparatoria. Es interesante ver estos detalles, debido a que muestran los problemas y carencias con los que suelen iniciar este tipo de proyectos, además de las virtudes y ventajas con las que han contado. Me pareció que todos tuvieron dificultades, pero lograron superarlas o trabajan en ello. Uno de los puntos importantes que vi fue el apoyo de la comunidad de padres de familia y que es importante que todos los estudiantes trabajen por el mejoramiento de sus escuelas, ya sean públicas o privadas. También revisé diferentes experiencias en México, como el Colegio Montessori de Chihuahua, el Montessori Sierra Madre (Nuevo León), Montessori de León (y su Universidad Montessori de México), entre otros. Sesión con tutores enriquecedora como siempre. Por la tarde planeación del trabajo de la semana. En la reunión de los que dormimos en Hershey sentí un buen ánimo, pero la verdad es que las reglas en esta casa no se cumplen de la mejor manera: falta mucho reciclaje, la gente suele dormir tarde y hacer ruido, entre otras cosas.

Martes 15 de julio La primera conferencia, acerca del plan de estudios con Laurie fue interesante, para ir adentrándome en el diseño curricular que dé sustento a mi trabajo académico. La lección de tres periodos explicada para secundaria da mucho para analizar y aprender. Es nuevo para mí, porque nunca he trabajado con el método Montessori. Me va quedando claro cada vez más y veo el potencial creativo que tiene este método, que de verdad creo que beneficia el autoconocimiento, la libertad y el ser autodidacta en la vida. Es bueno impulsar esta visión en los jóvenes porque les servirá para toda su vida. Es grande el reto de aplicar esta metodología de enseñanza, pero también lo veo como una hermosa oportunidad de incidir en la vida de mis estudiantes. Hoy me empecé a sentir mal físicamente. El mejor momento del día fue después de comer, dormí un rato y luego salí a andar en bicicleta por la avenida. Anduve 5 km por campos de sembradía, casas de amish y cementerios antiguos. Fue una experiencia profunda, que me recordó mucho a mi hija, con quien suelo salir a pasear por la ciudad. Además, mejoró mi digestión y ánimo general.

Miércoles 16 de julio A pesar de que dormí buenas horas, me levanté con trabajo y malestar en el cuerpo. Un poco de asco y debilidad. Fui a desayunar sin muchas ganas y luego a las sesiones de trabajo. A medio día sentí un malestar estomacal que me hizo salir varias veces del salón de clases. Así continué durante casi todo el día, sin mucho apetito. Luego trabajé el proyecto de ocupación de ciencias, un corral de gallinas. Judy nos guio y retroalimentó positivamente. Comí poco y trabajé lo que pude.

Dormí una siesta antes de ir a una tienda de comida mexicana en una ciudad cercana. La propuesta de hacer tortillas a mano y cocinar algo tradicional mexicano me entusiasma, pues una de mis pasiones es cocinar en casa y compartir con mis conocidos. En la tienda vimos muchos productos mexicanos, pero muchos de ellos no los como en México en mi vida diaria, así que no compré nada. Solo elegí chiles y jitomates para una salsa roja bien picante que haré el fin de semana. Fue interesante en el camino conocer la experiencia y la visión de mi tutor, pues tiene muchos años de experiencia y da la visión de una persona estable y comprometida con su trabajo. Como a la mayoría de personas en este curso (a mí mismo) le apasiona la docencia.

Jueves 17 de julio Hoy decidí no ir a desayunar, me levanté un poco más tarde y fui al salón. Comí una barra de proteína, un té y nueces antes del lunch. Trabajé el proyecto de humanidades, pero aún sentí algo de molestar físico, como empacho y febrícula, no sé si por el clima o la comida. No estoy al cien en mis habilidades físicas. Evitaré el desayuno entre semana para dormir más y tener menos alimento qué digerir. Intentaré hacer ejercicio como la semana pasada, beberé más agua y veré si mejora mi ánimo. Hoy el trabajo con el proyecto de humanidades no fluyó de la mejor manera, tuvimos poco tiempo. Para mí es fundamental pensar las cosas mucho, lo mejor posible, meditar y hacer un análisis antes de actuar, así me ha funcionado siempre. Y pocas veces he debido trabajar con otra persona. Es un reto trabajar en equipo, pero también es divertido y enriquecedor. Luego de esto, trabajamos en el Plan de Estudios y en eso sí nos entendimos mucho mejor, a pesar de que hubo debate y puntos de vista encontrados. Terminar fue interesante y relajante, luego de ello salí a jugar futbol un rato. Volví a descansar y comer, luego jugué ajedrez con Andrew, es muy bueno. Es mi tercer día jugando ajedrez, algo que me gusta mucho y me encanta poder compartir con gente de otras culturas. Después corregí el Plan de Estudios y trabajé en mi glosario, mi ensayo y mi planeación para el viernes. Espero dormir bien y amanecer mejor.

Viernes 18 de julio Me levanté tarde, no bajé a desayunar. En total habré dormido 9 horas, pero no me siento mejor. Tengo algo de dolor en el cuello y en la espalda. Voy a clases a tiempo y con el mejor ánimo, pero no tengo las mejores condiciones para ello. Hoy después de clases pienso terminar mi glosario y leer, además de salir en bici o a correr y hacer lago de pesas. La fiesta de mañana viernes no me entusiasma mucho, quisiera sentirme mejor para poder vivirla un poco con alegría, no sé si eso será posible. Aún hay mucho trabajo que hacer. Espero tener calma y avanzar hoy lo más posible para tener un fin de semana más relajado para leer. Hoy marqué el día 20 de mi estancia en Ohio, me entusiasma saber que solo quedan 15 días para volver a casa.

Sábado 19 de julio Trabajo en la residencia. Confortable y efectivo. Terminé mi glosario temprano, terminé mi ensayo. Luego, convivencia o fiesta en la granja. Reunión en torno a la fogata. Plática y diversión con los compañeros. Seguimos con un poco de música en sótano. A descansar relajado.

Domingo 20 de julio Día de descanso, me levanté tarde, desayuné solo, volví a descansar. Luego bajé a leer. Primero la lectura sobre la solidaridad, luego la carta de Martin Luther King. Conmovedores textos. Hoy platiqué con mi niña por videollamada después de varios días que ella no quiso hacerlo,

FOTO 17. Sesión del taller literario con adolescentes. La autoexpresión es una de las necesidades básicas de las personas en dicha etapa. Las artes permiten la autoexpresión libre, pero a través de técnicas y herramientas para que sea más adecuada.

pues me extraña mucho. Hablamos bien, compartimos cosas, esto me da ánimos para seguir estudiando con energía.

Lunes 21 de julio Iniciaron las sesiones de ciencias, con Michael Waski y Tina. Interesante. Me concentro y apunto, traduzco simultáneamente, veo otros apuntes. El seminario acerca de la solidaridad fue bueno, aunque creo que volvemos a la timidez como grupo. Inicié con una participación que no sé si es buena o no, pero me gustó decir lo que pensaba. El segundo seminario sobre el texto de Luther King. Laurie preguntó que cómo veíamos dicho texto desde un contexto diferente al de EUA, yo comenté que México y este país son dos de los más violentos del mundo y que una carta como esa nos muestra los valores más elevados del ser humano, porque lo que es malo para una persona es malo para todas las personas como creo que dijo alguna vez aquel activista. El trabajo individual en el salón de clases me permitió avanzar en mi primer proyecto de humanidades, que será el modelo para lo que trabajaré en esa área en la escuela pronto. Primero redacté la descripción del proyecto con mis propias palabras para dejarlo más claro a mis ojos. Lo revisé. Inicié el proyecto con el tema de la Grecia antigua, que me parece una buena base. Trabajé con mi tutor, platiqué con él de mis dudas y pude aclarar bastante. También trabajé mi horario y mi planeación anual. Buen día para el trabajo. Salí a pasear en bici por una hora y volví a hacer pesas. Muy bueno para bajar el estrés y ejercitar el cuerpo. En el camino encontré animales como castores enormes, conejos cola blanca, ardillas, ratas y algunas aves. Un niño amish me saludó al pasar frente a su casa.

Martes 22 de julio La serie de matemáticas es muy buena. Algo en lo que nunca he trabajado, cuando más cerca estuve de las matemáticas fue con la contabilidad de mi editorial, hace años, pero tenía un buen contador que resolvía todo. Este año volveré a activar mi contabilidad. Aprender las matemáticas con el método Montessori me parece genial, creo que como bien dice el ponente, es benéfico para toda la vida de una persona, para poder disfrutar de los números, de la abstracción. El trabajo individual fue bueno, avancé bastante. No salí en bici. Hoy de nuevo hablé con mi niña.

Miércoles 23 de julio Jornada de ciencia. Me encanta la ciencia, he leído poco acerca de ello, pero sobre todo he trabajado casi nada. La lectura y seminario de hoy sobre la educación en ecología y conservación, interesante. Me recodó un monólogo de Facundo Cabral y un libro de Jerzy Kozinsky titulado *Desde el jardín*. La idea de ambos es que quien tiene contacto con la tierra frecuentemente desarrolla una moral a prueba de todo. Por la tarde comí con los maestros de Chihuahua, compartimos experiencias, visiones, comentarios. De vuelta al salón, terminé (o eso creí) mi proyecto de ocupación de humanidades. Reunión con los tutores, expliqué mi avance. Me gustó mucho que Laurie me dijo en varias ocasiones que ella misma así lo trabaja o lo trabajó en su granja. Expuse varios aspectos. Recibí buenos consejos o recomendaciones y me sentí con confianza, por un lado, porque quiere decir que mi trabajo sí ha sido efectivo y por otro porque esto es la base del proyecto de trabajo real que iniciaré pronto.

Jueves 24 de julio La noche la pasé mal, no pude dormir bien, por ninguna causa en especial, no tenía estrés especialmente ni problemas en casa ni extrañaba a mi familia más que otros días, solo no pude dormir bien. Tras las lecciones fui a almorzar y

FOTO 18. Cocinando en equipo con los adolescentes. La cocina es una aula y laboratorio excelentes, ahí pueden aprenderse nociones tan básicas como pesos y medidas, porcentajes y otros temas, además de que permite hacerlo con diferentes propósitos, como comer algo rico y nutritivo, hacer equipo, economizar y debatir.

después canté en grupo con los compañeros en la sala. Más bien yo toqué la guitarra siguiendo las melodías. Otros compañeros se unieron a tocar y cantar, buen ambiente. Siempre que se canta en grupo, aunque sea en otro idioma, se genera una energía especial, como de oración. Luego subí a mi habitación y me dormí varias horas, lo necesitaba. Comí una botana y seguí descansando. Por primera vez en cuatro semanas, falté a una lección, en este caso la de literatura de Laurie. Es una lástima, pero la salud es primero. Me bañé y salí a dar una vuelta en la granja. También necesitada dos cosas: a) estar solo, b) observar la granja. Tomé algunas notas mentales sobre cosas que me gustaría implementar en Querétaro. Al volver al cuarto estaba cansado. Me recosté una media hora y luego me puse a trabajar en el plan anual y en el proyecto de ciencias (gallinas). No bajé a comer con los compañeros, no tenía hambre. Bajé por comida cerca de las 9 de la noche. Encontré papas, champiñones y queso, me serví un buen plato y bajé a calentarlo a la cocina de la microeconomía. Subí a mi cuarto, leí el texto para el próximo seminario y me acosté. Me hizo bien estar solo y descansar.

Viernes 25 de julio Día de trabajo con aspectos de mis proyectos de ocupación en ciencias y humanidades. Vuelta a la convivencia. Trabajo y avanzo bien, eso creo. Por la tarde fuimos a una tienda de ropa, compré varias cosas para mi niña, no tenía planeado hacer compras en EUA, pero fue divertido, con buenos precios y mejor ambiente con las maestras. De vuelta, ya tarde, llegamos a la granja, cerca de las 11:30. Varios compañeros estaban reunidos y pronto sacaron un juego llamado "Apple & Apple", que es de palabras, sobre encontrar relaciones entre ellas. Se trataba de ganar tres rondas para ganar el juego. Pasaron varias rondas y todo era divertido, siempre es así con los juegos de palabras. Algunas compañeras, como Danielle, Fawn y Audrey me ayudaban con explicaciones breves, aunque pude comprender por mí mismo bastante del asunto. En un momento la maestra Fawn me dijo: "esto es como lo que vimos en la mañana en la clase de Laurie, los juegos relacionados con las artes de lenguaje" y platicamos un poco al respecto. Llegó una nueva ronda y con ella gané el juego. Era el único en la sala que no era de EUA y eso me sorprendió, cómo me concentré e intenté ser parte de un juego que desconocía en un país ajeno y pude comprenderlo al grado de ganar. Luego continuamos con el mismo tipo de juego, pero de tono más subido, es decir, más de adultos, jugué un poco y platiqué con varios compañeros. Pero llegó el sueño y me subí a dormir. Eran las 3 de la mañana y no suelo desvelarme mucho.

Sábado 26 de julio Nuevo desayuno mexicano, preparado por mexicanos y algunos compañeros más. Después de la desvelada, me fue difícil levantarme, pero una vez de pie fue cosa de darle con ánimo. Bueno el trabajo en la cocina, uno de mis favoritos en mi casa. A todos les gustó. Por la tarde, comida en Chardon, en un restaurante italiano. Ahí platicamos de aspectos más personales y familiares, pero el mismo grado de reflexión y también mucha diversión, con ocurrencias y anécdotas. Creo que hoy se rompieron varios de mis paradigmas respecto de la docencia, la biblioteca y otros aspectos.

Domingo 27 de julio Termino mi plan anual, mi proyecto de ciencias, este diario y algunos otros documentos breves para trabajar. También leo a Montessori.

Lunes 28 de julio Trabajamos en las dos primeras clases el tema de la tecnología en nuestras escuelas Montessori y su uso en áreas específicas. Es interesante cómo a través de la tecnología podemos fortalecer la voluntad, el autocontrol, la sociabilidad y la adquisición asertiva del conocimiento. Para ello debemos tener reglas claras para su uso, ser congruentes como guías y encontrar el enlace con cada materia y los recursos tecnológicos. Los estudiantes deben aprender a usar la tecnología y que la tecnología no los use a ellos. Pero de ningún modo debemos limitar ni prohibir el uso de recursos de este tipo, solo usarlos con cuidado y atención. La tecnología es un vínculo con el progreso de la humanidad, la actualidad de nuestro mundo, la técnica avanzada y la historia de la supranaturaleza en general. El seminario del tema *Educación moral y social* basado en el texto del mismo título de Montessori fue interesante. Del texto, destaco el aspecto moral, relacionado directamente con la individualidad, la libertad, la independencia y las relaciones sociales. No hay sociedad saludable si no hay individualidades claras y bien definidas. Una frase del texto que me impresionó fue: "Para alcanzar la vida espiritual se debe renunciar a la vida ligera". Esta visión de Montessori sobre la vida práctica es inspiradora: para alcanzar la profundidad de nuestros propósitos es importante dejar la banalidad y la superficialidad de las cosas. Me recordó lecturas previas de Rudof Steriner. De este modo estableceremos vínculos más profundos con el conocimiento, la sociedad y por ende nuestra parte espiritual. Mi trabajo en la tarde fue el horario semanal de clases de nuestra Comunidad de Adolescentes y la lectura. Personalmente, me siento bien en esta última semana en la granja, en el curso, la recta final para cerrar varios aspectos y para volver a casa en donde me espera mi hija y mi ciudad y mi ambiente personal. Físicamente me siento mejor que en semanas pasadas, aunque debo seguir cuidando mi alimentación, mi ejercicio y mi descanso. Una dificultad de hoy fue el internet. Ayer se fue la luz en la noche y ya no hubo internet.

Martes 29 de julio Últimos días. Sesiones en el salón, luego trabajo en notas y en afinar proyectos de ocupación y lista de materiales para adaptar nuestro ambiente y detalles de otro tipo. Armar la carpeta, aquí me parece que no me quedó claro cómo era, espero todo vaya bien. Creo que avancé mucho en mi preparación, tanto teórica, técnica, como prácticamente. Si bien no soy un especialista, he aprendido de acuerdo con mis propias expectativas. No se puede aprender todo el método sin práctica y en solo cinco semanas. Tengo ganas de volver a México a estar con mi familia, darme unos días de descanso y luego reanudar labores, más prácticas que teóricas.

DECÁLOGO DEL GUÍA
MONTESSORI DE ADOLESCENTES

Por Daniel Zetina

1. *Si solo sabes de educación Montessori, ni siquiera sabes de educación Montessori.* Un maestro se hace principalmente por medio de su propio bagaje cultural y para adquirirlo hay que ir por el mundo con la mente abierta, leyendo y aprendiendo de otros lo más que se pueda, pero no solo de otros maestros, pues más allá de eso, están cientos de habilidades sociales indispensables, por eso hay que aprender del plomero, del carpintero, del comerciante, del artista, del deportista y de quien se pueda. El docente es un sibarita eterno, gracias a lo cual puede guiar a los estudiantes en sus propias inquietudes y señalarles el camino, pero sobre todo decirles cómo hacer las preguntas adecuadas en cualquier momento.

2. *Es más importante el método que la escuela.* Muchas veces, las escuelas tienen carencias en los servicios que ofrecen, pero ante ello, seguir el método Montessori siempre (o casi siempre) permitirá encontrar la solución adecuada para

cada reto y negociar las condiciones necesarias para llevarla a cabo. No se culpe a la escuela de sus carencias, agradézcase al método su efectividad.

3. *El equipo de trabajo lo es todo.* Hay que incluir a personas nobles, honestas y comprometidas, que sepan de sus límites y no se crean sabelotodo, que quieran aprender cada día y no lleguen con la actitud de ser los grandes maestros, sino los aprendices eternos. Donde no veas un buen equipo, haz lo necesario para mejorarlo o sal de ahí a donde puedas encontrarlo.

4. *Enfrenta los problemas y resuélvelos.* Una vez que se resuelve, ya no es un problema, sino un aprendizaje. Además de salir del embrollo, enseñarás a los jóvenes a resolver sus problemas por medios humanísticos, en beneficio de todos y con apego a los valores morales inculcados de acuerdo con cada contexto.

5. *La paciencia es parte de la magia.* Cualquiera puede desesperarse por una situación difícil o frente a una persona que le resulte antipática, pero como guía hay que ser más fuerte, emocional y socialmente. Cuando te acercas a un adolescente, él necesita toda la paciencia que puedas darle, para escucharlo, observarlo y ayudarlo a seguir adelante.

6. *No lo hagas por dinero.* La docencia es vocación y es trabajo muy absorbente. Ocupa tu cuerpo, tu mente, tus emociones, tu destreza, tu tiempo, hasta tus vacaciones. Es paradójico que quien da un valor tan grande a la sociedad no vea colmadas sus arcas de riquezas, pero es la realidad desde hace mucho tiempo. Es así, aunque eso no quiere decir que no busques el mejor ingreso posible en donde puedas trabajar y ser útil.

7. *Hazlo con entusiasmo y optimismo.* Abundan en nuestra sociedad quienes pretenden ser *realistas,* pero en muchas ocasiones son pesimistas razonados, que no siempre resultan de utilidad para los adolescentes. Es cierto que es importante construir realidades, más que fantasías, pero también que es necesario hacerlo con actitud, para lo cual ser optimista ofrece mayor claridad en cualquier esfuerzo, porque si de entrada se piensa que es casi imposible lograr lo que se busca, se pierde el propósito de lo que se desea en la vida. Una sonrisa, un ánimo, un apoyo, un impulso siempre podrá ser útil, no solo para una clase, sino para la vida misma. Creo que el gran objetivo de un maestro es que el brillo en los ojos de sus alumnos no se apague nunca.

8. *Maestro que no lee, engaña.* Dicen que "alabanza en boca propia es vituperio", no hay que decir que uno es buen maestro (lo dirá o no el tiempo), hay que serlo, en la realidad, incluso sin esperar nunca el reconocimiento. Y una de

las formas más hermosas de ser un buen maestro es leyendo todo cuanto sea posible. La medida es variable, pero menos de 50 libros al año, sobre los más diversos temas, me parece que es pobre para quien tiene por oficio enseñar a aprender. Hay que leer, sin pretextos ni atajos.

9. *Hay que ser honesto en todo momento.* Es un gran valor, sobre todo cuando se practica. Lo más importante en ser guía no es ser un buen guía, sino una buena persona. Hay que ser honesto con todos alrededor. Con los adolescentes sirve para sentar los pies en la realidad, aunque con ellos conviene serlo con tacto, no de forma abrupta, sino gradualmente y con empatía, paciencia y compresión. Con los pares, ser honesto evita muchos problemas. Con los directivos ayuda a dejar las cosas claras y a que todos puedan mejorar. Con las madres de familia es importante ser honestos siempre, aunque esto llegue a ser muy doloroso.

10. *Si no puedes, renuncia.* Si la docencia afecta tu vida o la de otras personas (tu familia, pareja, compañeros, estudiantes, madres de familia, directivos), busca otra forma de cumplir tu vocación y de tener un ingreso. Nadie necesita a un profesor que entre enojado a un salón o que sea tóxico para su ambiente de trabajo.

Daniel Zetina

Ciudad de México, 1979. Cursó el Bachillerato Tecnológico en Contabilidad. Estudió la Licenciatura en Letras y la Maestría en Producción Editorial en la UAEMorelos. Cuenta con estudios de un año de Derecho (UNADM) y cursos sobre derechos de autor y edición. Ha publicado libros de literatura y periodismo en diferentes países. Fue maestro 14 años, de secundaria a posgrado, de materias y talleres como lógica, historia, lectura y redacción, escritura creativa, literatura infantil, ensayo, poesía, narrativa, corrección de estilo, metodología de la investigación, filosofía, proyectos de humanidades, literatura mexicana, minificción, literatura universal, redacción académica, autobiografía, encuadernación, entre otras. Ha sido tallerista para Conaculta, Fondo de Cultura Económica, UAEM, entre otras dependencias. Fue Coordinador de Literatura del Centro Morelense de las Artes; Coordinador Académico de la Escuela de Escritores de Morelos Ricardo Garibay; Coordinador de la Academia de Español de la preparatoria TecMilenio Querétaro; Coordinador de la Comunidad de Adolescentes del Colegio Montessori de Querétaro; Líder de la Academia de Español del Instituto Thomas Jefferson de Querétaro, entre otros cargos académicos. Dejó los sistemas escolarizados en 2017, para dedicarse a escribir, dar talleres y conferencias, además de editar libros. Vive en Querétaro.

ÍNDICE

DANIEL ZETINA

Levantando el vuelo
Apuntes sobre educación Montessori con adolescentes

esta segunda versión se terminó en febrero de 2021,
en el taller de INFINITA en Querétaro, México.
Se publica para diversas opciones, como impresión
bajo demanda, libro electrónico y tiraje abierto.
Para su composición se usaron las fuentes Arno pro
en 13 puntos para interiores y NorthernSoul en portada.